ジャックと豆の木

創刊3号

Natsuki Ikezawa
P008

Haruna Hori
P117

Reiko Takashima
P116

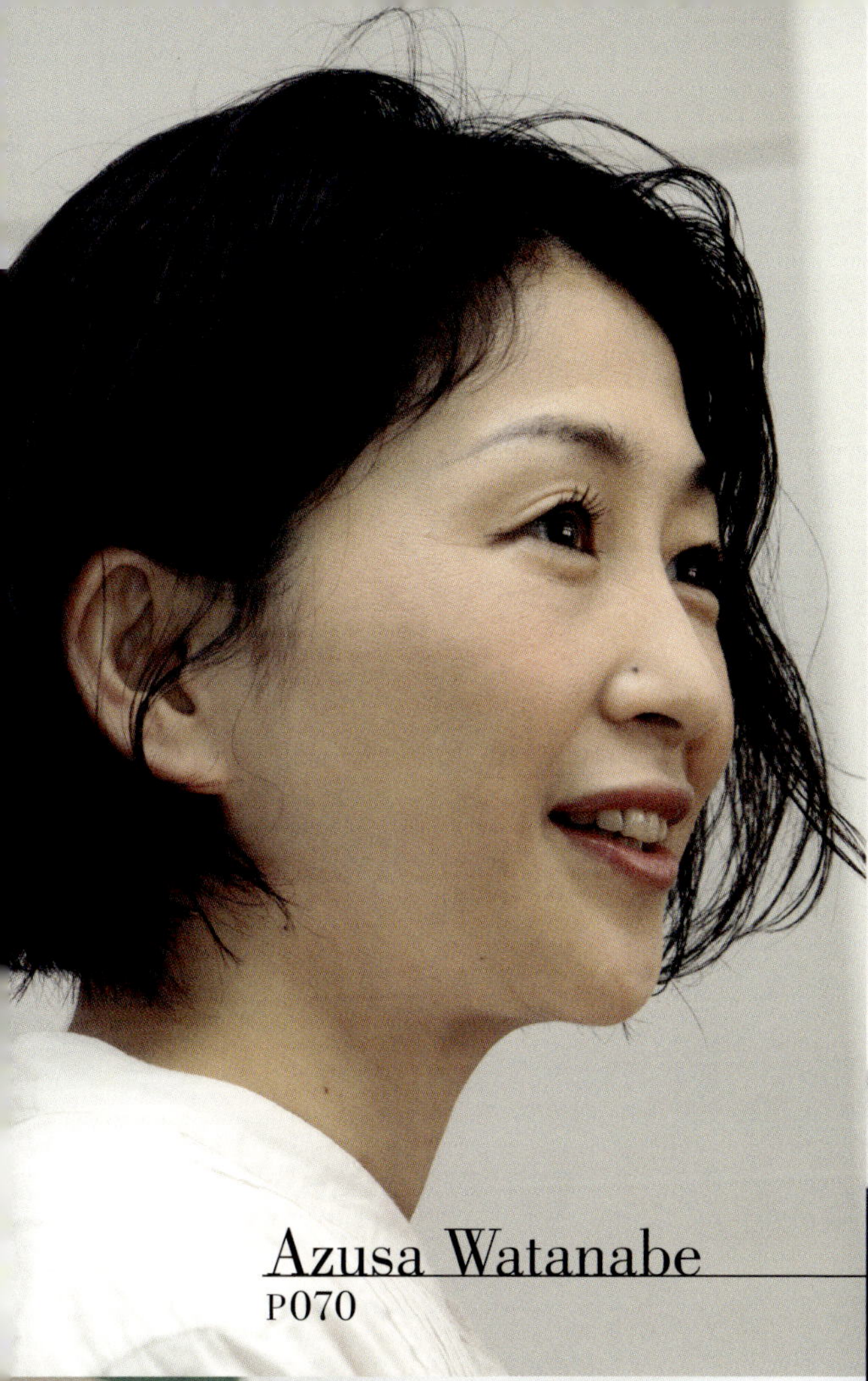

Azusa Watanabe
P070

Makoto Satoh
P070

Tokuma Nishioka
P082

—演劇と映画の狭間で—

子どもが映画と出会うとき

表紙絵=はらだたけひで

映画と映画館の本

ジャックと豆の木

季刊 夏号

2017 創刊3号

contents

日本映画界のスゴい財産
[BOW]とは何だ!

1976年『恐るべき子供たち』と『新学期・操行ゼロ』から出発したBOWシリーズは
傑作を世界から運ぶ──という壮大なイメージの構想のもとに
文字通り類いまれな傑作・名作を公開してきた。
紹介された世界の優れた映画作家とその作品は目をみはるものがあり、
80年代のミニシアターブームの質的形態に貢献し、日本映画界の風景を塗り替えた。
BOWとは〈船の舳先〉の意味であり〈公開する〉ことも意味する。
ATGの上映運動以降、40数年にわたる活動に終止符をうった
フランス映画社BOWシリーズの航海の軌跡はどのようなものであったのか?
そこに見えたもの、あるいは潜んでいたもの。
時を経てその実像をみつめてみたい。

BOWポスターデザイン&シンボルマークデザイン=小笠原正勝

BEST FILMS
OF THE
WORLD
BOW

傑作を世界からはこぶ
〜BOWシリーズの実像〜

座談会
池澤夏樹＋野上照代
植草信和　小笠原正勝

取材・文＝坂崎麻結　撮影＝鈴木大喜

フランス映画社とBOWシリーズとは、印象の質が微妙に違うように思われる。会社、つまり柴田駿社長とパートナーで副社長の川喜多和子さんを語ることと、BOWの作品について触れていくことの温度の差みたいなものの違いである。野上照代さんは公私ともにずっと和子さんを支えてこられた。野上さんの言葉からはBOWの作品評価には現れないフランス映画社のもうひとつの肌合いが伺える。池澤夏樹さんは、文学とその周辺の様々な言語活動のなかで、翻訳、字幕、伝達を通して、BOWという映画世界に素晴らしい息吹を与えてくれた。お二人の話からもうひとつのBOWの実像が浮かぶ。川喜多かしこさんが、ATGを立ち上げられ、そのATGから、エキプ・ド・シネマの高野悦子さんに繋げられ、そしてフランス映画社の川喜多和子さんと柴田駿さんに継承されたひとつの流れは、トータルに関わってきた者として、見つめていかねばならない事柄でもある。（小笠原正勝）

和子さんと柴田さんと黒澤監督

野上　今は観られないのですよね。DVDがないから。この間、柴田さんと話しましたよ。権利がもうないから、出せないのだよね、と。手に入らないでしょう。

植草　東映の岡田社長が買ったのです。テオ・アンゲロプロスの作品は。

野上　最後の作品でしょう。それはいいけれど、もっと昔の作品が観られないなと。

小笠原　そうですね。そういうこともあって、BOWシリーズやアンゲロプロス監督についてはは池澤さんに、フランス映画社や和子さんや柴田さんのことについては野上さんに、お話を伺えたらと思っています。

野上　私は本当に俗な話しかないのよ。黒澤さんに紹介して、ずいぶん和子が喜んだっていうことくらいで。

植草　野上さんと和子さんのお付き合いの最初は、やっぱり黒澤監督ですか。

野上　いやもっと前で、20歳より前の10代の頃から。出会った頃は彼女がまだ運転免許を持ってなくて、取ってからはよく車で送ってもらいましたよ。

池澤　20歳になってすぐ免許を取ったのですかね。

野上　そりゃそう。早く取りたいって言っていたのですけどね。ロンドンにいたでしょ？　ずっと。それで、黒澤さんが黒澤プロを作って、そのときの最初の作品が『悪い奴ほどよく眠る』だったのですよ。そのときに和子が助監督でついたのです。彼女は本当に監督になりたかったから。助監督につきたい、勉強したいと言っていて、それには黒澤さんがいいっていうので。その前から松江陽一を知っていて、彼は黒澤プロで助監督をやっていたから、それもあったのです。かしこ夫人が彼女を連れて、黒澤さんのところへ行きましたよ。それ以来、私との縁も切れなくなっちゃったのです（笑）。

池澤　伊丹さんと会うのはその後ですか？　そのへんも聞いてもいいのかしら。

野上　だから、私が紹介したのですけどね。まあでも、伊丹さんはBOWには関係ないからね。

小笠原　そうですね。あの方はATGのマークを作っているから(笑)。それで、黒澤さんの『白痴』のリバイバル公開のポスターを作ったとき、森雅之の付けているマフラーを見て、和子さんが「これ私のマフラー」。このときうちで撮影したの」って言っていました。だからあの時期は、鎌倉の洋館に住まれていたのですね。

野上　洋館っていうか、家の裏に哲学者の和辻哲郎さんが住んでいた家を移築して、外国のお客さんのために、いつでも泊まれるように。でっかいお家を作っていたから。

小笠原　和子さんとのお付き合いは、その頃から付かず離れずで。

野上　まあ、和子が亡くなるまでずっと。倒れた朝、電話で全く元気だったのだから。つまらないことを言ってゲラゲラ笑っていましたけど。でもあのときはカンヌの後で、だいぶ疲れていましたね、いつもより。

小笠原　シネクラブ研究会なんかの頃もずっとお付き合いがあったのですよね。柴田さんにはその頃もうお会いになっていたのですか。

野上　その話になるとまた面倒臭いのだけど。柴田さんはもう、電話攻撃で彼女を射止めたのですよ。毎日、私と和子と柴田さんでよく映画を観ていました。和子の命日には、いつもお花を贈っていいかどうか柴田さんに電話で聞くのですよ。

テオ・アンゲロプロスのこと

小笠原　池澤さんは、アンゲロプロス監督とはもちろん、『**旅芸人の記録**』でフランス映画社とお仕事されますが、フランス映画社と、柴田さんとは以前からお付き合いがあったのですか。

池澤　いや、とにかく僕は1975年にギリシャに行って、それで翌年の4月に『**旅芸人の記録**』がリリースされて、国中大騒ぎになったのですよ。軍事政権の下でこんなものを作っているやつがいたって。インテリ向けの映画だけど国民総動員的にみんなが観たのですよ。僕もそのときに観たのだけどさっぱりわからなかった。まだ言葉ができなかったし。それにしても何かすごいものだなと感じて、ちゃんと僕が理解できる形で観られたらいいのだけどなって。だけど、他ならぬギリシャという小さな国の歴史が背景だし、そこにギリシャ神話が絡んで、しかもそれが芝居の一座であったという複雑極まりない仕掛け。こんな映画を日本で公開するっていうのは考えもしなかった。だから、せめて英語の字幕があるものはないかって考えていた。それで、そのまま78年の3月に僕は日本に帰ってきて。そうしたら、その年の秋くらいかな。フランス映画社から連絡があって、あの作品を日本で公開したいのだけど、手を貸してくれないかって言われまして。何しろ現代ギリシャ語ってわかる人がいないから。それは僕にすればなかなか良い機会だったので、じゃあ出来る限りやりますと。それで初めて六本木の事務所で会ったわけです。

野上　あのときは喜んでいましたよ、和子も。

池澤　それからフィルムを観て、台本を取り寄せて、字幕を作って。それで、監督のテオが日本に来るというので、お迎えして。そうしたらご存知の通りの大ヒット。こんなことをやる勇敢な映画会社があるのかと僕は思っていたのだけど、結果としてヒットだったでしょう。だからあの作品のおかげで、それからはテオの映画を全部公開できるようになったのですよ。僕も嬉しかったし、テオも喜んだ。そしてそれよりも、日本人もたいしたものだと思ったのです。この映画をこんなに観てくれるなんて、と。

野上　しかも、これだけ長い映画をねえ。

池澤　そのために僕は字幕を作っただけじゃなくて、背景となるギリシャ神話のこと、ギリシャ現代史のこと、それから「羊飼いの少女　ゴルフォ」という田園劇のこと。これを全部、けっこうな分量の文章でパンフレットに書いた。そうやって固めた上で出してみて、しかもあの岩波ホールの硬い椅子で3時間52分、みんな我慢して観てくれたのです。それからBOWとの付き合いが始まって、こっちも映画が好きだから、試写のハガキが来るたびに行っていました。いや、その前からだな。『**歌う女・歌わない女**』あたりからですよ。それ以降はほぼ全部観ていた。東京にいたしね。そうしながら『**旅芸人の記録**』の準備をして、うまくいって、観た作品についてどこかに映画評めいたものを書くこともあったしね。だからフランス映画社にすれば、あるいはむしろ岩波ホールにすれば、僕はけっこう使いやすいライターだったと思いますよ（笑）。それから、『**アレクサンダー大王**』の字幕をやって、などなど次々にリリースしていって。

ギリシャの
町を 海を 村を 山を
歌い踊ってゆく
旅芸人たち
エレクトラが
オレステスが
旅芸人となって
愛と復讐の
ドラマに蘇り
現代を記録してゆく
鬼才テオ・
アンゲロプロスが
4年の歳月をかけ
完成した
感動の
叙事詩
超大作！
カンヌ映画祭
国際批評家大賞
監督・脚本＝テオ・アンゲロプロス
フランス映画社提供
旅芸人の記録
Ο ΘΙΑΣΟΣ

小笠原　ＢＯＷで公開されたテオの全作品に字幕を付けられていましたね。

池澤　結果として、そうですね。だけど、『**旅芸人の記録**』の前のやつもやっているのですよ。『１９３６年の日々』。あれは、確か映画館ではテオ特集のときに一度やったくらいで、ほぼすぐＤＶＤになったと思いますね。あれと『放送』があって、『再現』があって、そんなわけで、テオの作品で観られるものはすべて僕が字幕をつけている。で、その一方でこのＢＯＷシリーズのラインアップを見ていて、改めてヨーロッパ映画はいいなと思いましたよ。

小笠原　そうですね。

池澤　一言で言えば、よくこれだけのものを見つけてくるっていう彼らの眼力。それにほとほと感心した。だって、これはちょっとどうかっていうのはなかったもの。カンヌの頃になると二人とも、もう生き生きしていましたよ。今年は何を見つけてこようかっていう感じで。それで、映画の配給会社っていうのはなるほどこういうことをするものかと。買い付けから始まって、やっぱり珍しい言語が多いですから、誰か専門家を見つけて。テオの場合は実際には、字幕のときも僕がざっとやってから和子さんと突き合わせて丁寧に直していって、けっこう緻密にやりましたよ。だから和子さんのときはね、字幕も僕の名前と川喜多和子と両方並べていました。柴田さんと組むことになったときにも名前を出してよって言ったら彼は嫌だって言うのですよ。自分は裏方なのだから、池澤さんがやっているのだから、自分の名前は字幕としては出さないと。だから、そういうことになったと思いますよ。

小笠原　そうですか。柴田さんは、最初はゴダールだったのですよね。「ハロー！キートン」と「ゴダール・マニフェスト」からスタートしていたのですね。だからどちらかというと頭としてはまだゴダールがあった。蓮實重彥さんと翻訳され本にされていた。

池澤　ああ、そうでしたね。

野上　でもとにかく和子がね、池澤先生にやっていただいたからとっても良かったって、私はずいぶん聞きましたから。字幕は初めてだったでしょ、映画の字幕は。面倒臭いのですよね、けっこう制限があって。でも本当にね、池澤先生に会えてよかったと。誰かの紹介だったのかな？

字幕の面白さと難しさ

池澤　あのね、あのときはともかく現代ギリシャ語っていったら僕しかいなかった。他に選択肢はなかった。それで誰かが紹介してくれたのかもしれない。それで面白かったのはね、89年の初めかな、僕は芥川賞をとったでしょう。そうしたら和子さんがテオに電話してね、「夏樹はこういうおめでたいことになったのよ」って言ったら、テオが「それはいいけど、これから先、俺の映画はどうなるんだ」って言ったっていうのですよ。そう彼女が言うから、そんなものは全部やるからどんどん作って、と僕は言ったのです。最後まで専属で字幕制作を担当するからって言って。まあ珍しい例ですよね。僕にすれば、特権的な観客になれる。だって何回でも観られるのだもの。そうでしょ？　今だからビデオもあるしＤＶＤもあるけど、あの頃はフィルムですから。

野上　そうね、あの頃はそういうものはないですからね。

池澤　だから、保税倉庫へ行って、初めて観て。あとは作りながら、あそこをもうちょっと観るか、なんていって。看板の文字が読めないときは、フィルムそのものをルーペで見ましたよ。そういう風なことまでできる、だから特権的な観客なのです。暗いところで動いているものが多いから、ビュワーなんかじゃ見えないのですよ。だから何度も回してもらいました。メモしながらね、二人で。

野上　大変な仕事ですよねえ。

池澤　だからあの、明かりのつくボールペンってあるでしょう。あれがパパッとメモしていくのに役に立つのですよ。

野上　そんなものもありましたね（笑）。

小笠原　野上さんは、ＢＯＷシリーズはずっとご覧になっているのですか。

野上　ええ、なにしろ和子にくっついて歩いていましたから。今はもう忘れちゃったけどね、ほとんど観ましたよ。でも和子は、ひとつはあれだったのですよ。私にまず観せてから、それを黒澤さんに観てもらってと言ったの。宣伝になりますしね。だから黒澤さんは和子が観てくれっていうものはみんな観ていました。監督にも会っていましたし、もちろんテオは何度も会っていますよ。やっぱりビデオがないからね、黒澤さんの家が撮影所からも近いから、試写室でよく観ましたよ。和子から電話があるとすぐ「黒澤さんに観てもらって」って言うので。だいたいそれが一番早いですね。

小笠原　当時はビデオがないから、ポスターの仕事でも一人で観なければならないときは、試写を回してくれたね。今では考えられないことだけど。

野上　黒澤さんの一番仲が良いっていうのか、まあ通訳を通しているから直接は話せないけど、テオが好きでしたね、一番。何度も会っています、日本にいらっしゃるたびにね。

池澤　そうですね、映画がリリースするたびに彼は来て、宣伝のために記者会見もインタビューもして、僕と対談もしているから。

小笠原　池澤さんは、柴田さんとも字幕や制作段階で何度もお付き合いされてお仕事されていますが、柴田さんの仕事の仕方というのはどんなものですか。

池澤　僕がわかるのはね、買い付けの際の鑑識眼と、それをどう出すかっていうこと。あとは字幕というか、映画そのものの見方ね。そうか、ここが勘所なのかっていうのをよく押さえていて。映画を観るほうだけど、なんだか観る深さが違うのですよ。それはすごいと思う。なぜこのセリフが大事なのかっていうのをこっちがわからないとき、彼はびしっと言うのです。『**ユリシーズの瞳**』なんかも、そういう彼の力をずいぶん思い知りました。

小笠原　なるほど。

池澤　だいたいテオはね、字幕が難しいのは、セリフが少ないでしょう。ずっと黙っているなかでポーンとセリフを言って、また黙っちゃう。またそのポーンがね、良い日本語にならないのですよ。ギリシャ語の性格のせいもあるけど、語尾変化が複雑だから、動詞ひとつでバンと誰が何をどうってことが言えちゃうのですよね。もう俳句のような仕事。セリフが多くてずっと喋っていたら一本に入らない字幕を前後に散らせるのですよ。エディ・マーフィのように喋りまくっていたらね（笑）。でもテオの場合はそれもできないから。だからね、いずれにしても、すべての作品を何度も観て。それは、映画ファンとして幸せなことでしたね。

小笠原　シナリオはもちろん何度も読まれる?

池澤　聞き取りだけではとてもできません。だからギリシャ語の台本も来るし、フランス語と英語もだいたい来ます。

野上　そうじゃないと、聞き取りにくいでしょうね。

池澤　ええ、無理ですよ。それに、横向いて喋ったりしていますから。例えばね、『**旅芸人の記録**』の最初のほうのカフェの場面でね、老いたおばあさんの女優が、何かをしながら「出ない、出ない」と言っているのですよ。よく見たらね、トランプでひとり遊びしているの。つまり目当てのカードが出ないって言っているのですよ。そういうところを解釈しないといけない。そこまでは台本に書いてないし、言葉だけだから。いよいよのことになると、テオに聞くのですけどね、最初の頃はそれもなかったし。あとは、役者が詩を朗読するところがあって、誰の詩だろうと思って現代ギリシャの詩人をだいたい探したけどいないのですよね。テオに「あれは誰の詩?」って聞いたら、「ああ、俺のだ」って（笑）。

野上　そりゃあ見つからないわね（笑）。

池澤　彼のことだから、若い頃に詩を書いていたっていうのはよくわかりますけどね。

BOW作品の様々な表情

野上　でも本当にね、和子たち二人に感心するのは、ヴィム・ヴェンダースもそうだけど、ああいう商売にならないような映画をヒットさせるでしょう。あれには恐れ入りましたね。当時はね、日比谷シャンテで初日の一回目に並ぶ約束をしていたのですよ。普通だったらあんな難しい映画で初日から並ぶなんてことはないし、私は一応サクラだったのよ（笑）。それでもお客さんが並んでいたからね。

小笠原　和子さんが声をかけるのでしょう。和子さんはあっちこっちに電話する人だから。

池澤　でもこうやって見ていると、BOWシリーズは日本の映画ファンを育てたと思います。こういうものが映画なのだと。みんな、ハリウッドだけじゃないのだっていうことがわかったわけでしょう。

野上　今の人が、それをわかってくれるといいけど。

小笠原　ATGが外国映画の配給をやって、だんだん尻すぼみになっていったあとで、その後というのを、結局このBOWが引き継いでいるのですよね。それは和子さんと柴田さんの共通の考えだったと思うけど、それがどんどん膨らんでいったというか、充実した感じですよね。

野上　和子さんが見つける方が多かったですよ。侯孝賢のいちばん最初の『**恋恋風塵**』も、ナント三大陸映画祭だったかしら、そこでやったときに和子が「ぜひ欲しい」と言ってね、彼女の要望で。

池澤　それから侯孝賢が大きく伸びたでしょう？　だって、『**悲情城市**』を作ったのだから。

野上　そうですよ。『**恋恋風塵**』のときは和子が私にとにかく観て、と言って、それから黒澤さんに観てもらってと言うのですよ。だから黒澤さんは侯孝賢さんにも会っていますし、もちろん映画を観て感心するから会うのですけど、和子がやっぱりいつも見つけてきてね。本当に侯孝賢なんてね、知らなかったら誰も何も気がつきませんよ。だから侯孝賢さんは和子さんの葬式にも来ましたしね、とても感謝していて。今でも私はよく会いますけどね。

池澤　だから逆にね、これはなぜBOWシリーズに入れなかったのだ？　というのはね、『牯嶺街少年殺人事件』。あれはいかにもフランス映画社っぽいのだけどなあ。

野上　エドワード・ヤンでしょう。侯孝賢さんに言わせると、エドワード・ヤンは映画監督になるよりコンピューターの先生になった方がよかったなんて、この前会ったときに言っていましたけどね。確かに全然タイプは違いますけど、『台北ストーリー』なんて素晴らしいじゃないですか。黒澤さんが気に入ったのは、アッバス・キアロスタミもそうでしたよ。『友だちのうちはどこ？』ですね。あれを和子が黒澤さんに観てもらってと言って、一緒に観ましたけどね。

小笠原　だからいくつもね、そういう作品はあるのですよ。エドワード・ヤンもそうだしね、キアロスタミもフランス映画社は入れてないでしょう。BOWに入っていそうだけど入ってない。そういう作品を探すのもかえって面白いかもしれないですね。

野上　でもやっぱり、観る人のレベルが色んな意味で高くないと。普通はね、あんな小さな映画祭でやっていた作品をしつこいくらいに観てって言わないでしょう。でもそれがまたひとつ作品の追い風になって、侯孝賢さんだって助かったっていうと変だけど、宣伝になったと思いますよ。日本での宣伝にはやっぱり役に立ちましたよね。でも、そのきっかけはいつも和子がすごく熱心にすすめたから。いつも本当にいい作品を教えてもらいましたよ。柴田さんとは意見が合わないこともよくありましたけどね。

植草　それは、和子さんが見つけてきたけど、柴田さんはそれに対して反対するというようなことですか。

野上　それこそ侯孝賢さんの作品を柴田さんは反対していたでしょう。そういうこともありましたよ。

小笠原　でも最初の頃の作品というのはほとんど和子さんが選んでいたのですよね。『**旅芸人の記録**』から、『**マリア・ブラウンの結婚**』、『**ブリキの太鼓**』とか。

野上　正確にはわからないですけどね、そのへんは、私に黒澤さんに観てもらってくれって言ってくるときは、和子がだいたい早くから見つけてきたもの。

小笠原　『**ブリキの太鼓**』のときなどは、和子さんは相当興奮していましたから。『**旅芸人の記録**』とどっちもどっちでしょ。「これふたつやるのよ」なんて。だから、確かに和子さんが選んだもののすごさというのはそのとき感じられました。

野上　そう、彼女はそういうことで力になれるのが嬉しいのですよね。

映画のどこをどう伝えるか

小笠原　池澤さんは、アンゲロプロスの作品の中ですごく大変だったとか、とくに難しかったというようなことはありましたか。

池澤　一本一本でというよりは、あるときから彼が来るたびに僕と話していたのは、記者会見の質問でもインタビューでも、「肝心なことを聞いてくれない」と。何かっていうと、「国境」ということ。あるときから彼のテーマはこれになったのですよ。

小笠原　ああ、**『こうのとり、たちずさんで』**のような。

池澤　そうです。国境とか国を越えるとか難民になるとか、それをずっとやっていたでしょう。だけど日本には（一時期の樺太を別として）陸上の国境線は昔からなかった。だから国境を越えて、あるいは川を渡れば別の国という。あるいは大平原の向こうから戦車がやってきちゃうっていう、そういう感覚がわからないのだと説明しました。だいたい、単一民族という幻想のもとに何百年もやってきた。だから今もって外交下手だし、いざとなったら亡命しようとは誰も考えないし。そういうことに疎いままだから、あなたの映画はものすごく良いのだけど、ときどき日本人はポカーンとしてしまうと。僕自身は国境を越えることにたいへん関心が強いし、だからそういう意味でも彼の映画は大好きなのだけれど。毎回それで、二人で嘆きましたね。

野上　国境はもう彼のテーマですものね。

植草　それはやっぱり日本人には理解しがたいことなのですかね。

池澤　自分の身に起こったこととしてはね。だから僕はいつも嫌味で言うのですよ。満州が崩壊したときに逃げてきた彼らはいったい何だったのだと。たった二世代三世代前のことじゃないかって。それをみんな日本人はなかったことにして、ましてや捨ててきた子供を残留孤児と呼ぶ。子どもが自分の意思で残ったような言い方をして。そういうことに対する憤りにつながるのがテオの映画なのですよ。

小笠原　柴田さんの映画の捉え方というのは、どういう風に見せたらいいかとか、どんな人に見せたらいいかということにすごく、常に意識がありましたね。字幕づくりでも、そのあとの宣伝でも。**『ベルリン・天使の詩』**のときも観客に対してわかりやすくどう理解されるかということにとてもこだわっていた。そういったことは感じましたか。

池澤　字幕をいじってもしょうがないと思う。少なくてもテオのときはね。ともかく映画そのものを、しゃべっていることを、最小限でわかりやすく、瞬間で読めるような日本語でそこに置く。それ以上のことはないですよ。字幕には一切、注釈がつけられないわけだから。そういうものだから。非常に制限のある翻訳だけど、それをやることでしかないのだと。僕はそれをやって、柴田さんや和子さんがそれをブラッシュアップ

池澤夏樹（いけざわ・なつき）／作家

1945年、北海道生まれ。詩、小説、エッセイ、批評、翻訳（英語・ギリシャ語）など執筆は多岐にわたる。30代の3年間をギリシャで暮らし、その頃から詩と翻訳を起点に執筆活動をスタート。79年にテオ・アンゲロプロス監督『旅芸人の記録』（フランス映画社配給）の字幕を担当し、以降アンゲロプロス全作品の日本語字幕を手がける。84年、文明への懐疑と人間の性を描いた「夏の朝の成層圏」で長篇小説デビュー。88年「スティル・ライフ」で芥川賞を受賞し、ワープロで書いた初めての芥川賞作家となる。主な著書に「母なる自然のおっぱい」（読売文学賞）、「マシアス・ギリの失脚」（谷崎潤一郎賞）、「楽しい終末」（伊藤整文学賞）など。著作活動全般について司馬遼太郎賞を、「池澤夏樹=個人編集 世界文学全集」の編纂で毎日出版文化賞を受賞。2014年より全著作の電子化プロジェクト「impala e-books」を開始。ギリシャ、沖縄、フランスで暮らし、現在は札幌在住。

野上照代（のがみ・てるよ）／元・黒澤映画メインスタッフ
1927年、東京都生まれ。父はドイツ文学者の新島繁（本名は野上巌）。戦後、雑誌記者を経て、49年に大映京都撮影所にスクリプター見習いとして採用される。50年に『羅生門』で黒澤明監督と出会う。その後、東宝へ移り『生きる』以降の黒澤明全作品の製作に参加。84年、自らの少女時代における家族の姿を描いた半自伝的小説「父へのレクイエム」(後に「母べえ」と改題）で第5回読売女性ヒューマン・ドキュメンタリー大賞優秀賞を受賞。同作は後に山田洋次監督により映画化された。同じく84年、山路ふみ子賞功労賞も受賞。2010年には、国境や世代を超えて映画を愛する人々に黒澤作品の魅力を伝え続ける功績に対し第28回川喜多賞を受賞。近年は国際映画祭やシンポジウムにも多数参加。著書に「天気待ち　監督黒澤明とともに」、「蜥蜴の尻っぽ」など。

していく。それは色々ありましたよ。「こう言っちゃっていいんじゃないの?」と言われて、「ああ、そうなのだ」ってことはいくつもあった。ただリリースすること、理解してもらうこと、お客を集めることに対してどういう努力をしていたかは、僕からは見えない。だからパンフレットのときに誰に書いてもらうのがいいか、なんて話はしましたよ。でも、それ以上のことを僕は知らない。試写会で観たあとに、どこが面白かったかっていうのは和子さんとはファンとして話しましたよ。彼女と喋れるっていうことも特権的なファンですから（笑）。でも一回一回いつもいい作品を見つけてくるし、それが続くでしょう。**『ミツバチのささやき』**をやってから**『エル・スール』**へいって、それこそ侯孝賢までのつながりがあって、何作か付き合いますよね。タルコフスキーがいい例だけれど、ジャームッシュだって。それも含めて、まあよく、これだけ良いものを観させて頂いたということです。

小笠原　本当にそうですね。

池澤　DVDが手元にあるのでよく引っ張りだして観ていますけど、**『ベルリン・天使の詩』**で冒頭にペーター・ハントケの詩が出てくるでしょう。「子供は子供だった頃」って。あれなんか、自分が書いている詩についてのエッセイで、字幕から書き取って引用していましたよ。ペーター・ハントケはユーゴの内戦のとき一人セルビア側に立ったのね。総スカンくったのだけど。それでドイツ人があいつは変なやつだからって言って、彼に与えた勲章を剥奪するとまで言ったのですよ。そういうところからずっとつながって、**『ベルリン・天使の詩』**から、ハントケって男は僕の中でつながっているのですよ。そういうことが、この映画にいくつもあるのです。映画的教養の基礎をBOWで作ってもらったってことです。その間の日本映画はほとんど観てないもの。

小笠原　そういう意味でBOWは、大きなものを残しています。ATGというのはひとつのシステムだった。プロデューサーがいたり企画者や相談役がいたり。ギルドですからね。だけどフランス映画社は、まさに個人の思考とか行動力が映画を動かしていったということですね。

池澤　それは全部彼らのセレクションでしょう。セレクションっていうことを通じて現代の映画を定義したわけでしょう。それが広く受け入れられたのですよね。

映画ファンとしての歓びがある

小笠原　池澤さんは、映画の字幕に関してのお仕事はテオだけだったのですか?

池澤　だけです。他にはまったく一本もしたことがない。

小笠原　本当に専属のようですね。翻訳や字幕というのはひとりの人がやったほうがいいですよね。

野上　本当にね、良い人が見つかったって喜んでいましたから。言葉だけじゃないですから、内容を伝えなければいけないから、本当に難しいことですよ。

小笠原　普通はいろいろな人がやりますからね、世界でもめずらしいことですね。

植草　例えばハリウッド映画では字幕版と吹き替え版が必ず両方上映があると思うのですが、情報量としては字幕の限られた文字数よりも吹き替えの方が多いっていう利点もありますよね。

池澤　吹き替えの台本を僕は作ったことがないです。確かにその方が情報量も増えるし、何より画面を見られる。それは大きいですよね、字幕を読まなくてもいいから。字幕を読んでもらうっていうことはその間は目を奪っているわけで、だから長くなっちゃダメなのです。説明になっちゃダメなのですよ。

野上　でもね、吹き替えが出てきたときに伊丹万作さんが言っていましたけどね、ありえないことだと。つまり、アメリカ人が日本語を喋るなんておかしいでしょう。ありえないことはやりたくないと、本当にぼろくそ言っていましたよ。

池澤　なんか変だよなっていう感じはありますね。だってテレビではずっと吹き替えをしているから、カラーの映画で、碧眼の男が「俺の目の黒いうちはそんなことはさせない」とか言っている（笑）。

植草　ただ60年代からアメリカのテレビドラマがずいぶん日本に入ってきて、人気シリーズになっています。テレビに限っては違和感がないのですね。そういうものだと思って親しんでいますから。映画ではあまり慣れていない。

池澤　フランスは昔から全部吹き替えでしょう？

野上　外国はみんな吹き替えですよ、字が読めないし。だから、うまいですよ、もちろん。ロシアで観た『羅生門』はね、結構うまい。ロシア語の演出で。だからセパレートするわけでしょう。セリフと、擬音と、音楽と。そうすると向こうで擬音は入れられるけど、音楽っていうのは日本では分けて録音してないから、ないのですよ。そうすると、向こうでいい加減な音楽を当てるの。どこで見たのかな、ロシアで観たときもひどいなと思ったけど、イタリアでも音楽にカルメンとか使うのですよ（笑）。似たようなありものを使うから。だから日本でセパレートして外国へ出すのはもっとずっと後ですよ。黒澤さんの映画が外国でだいぶ売れるようになってから。今はもうそんなひどいものはないだろうけど、当時はそんな感じでしたよ。

池澤　ただやっぱりなんか、オリジナルのままの方が、作品に手をつけてない感じがする。音や声はすべて本物だから、純正っていう印象は強いですよね。

野上　それは本当に伊丹さんじゃないけど、絶対生理的にありえないと。外国人が日本語を喋ったりしているのは、おかしくない方がおかしいって言っていましたね。やっぱり今のところ字幕は一番いい方法なんじゃないですか。声の質とか言い方で変わりますから。

池澤　ちょっと別の話ですけどね、ドイツ人はね、本の朗読が好きなのです。文学専用のラジオ局があってね。僕の本が出ると、どこかで朗読会をやるからって呼んでくれる。それで向こうの俳優が、選んだ部分を母国語で読む。それに対して僕が日本語で読む。ドイツ人は元の響きも聞きたいっていうのです。そのためにわざわざ来いって言ってくるのです。ベルリンとか、インスブルックとか、チューリッヒとか、何箇所かで本が出るたびにやりました。

野上　えらいなあ。それはいかにもドイツっていう感じで、やっぱり正しいですよね。

池澤　知らない国でも元の言葉の響きが聞きたいという思いがある。それはずっと僕らが映画で楽しんでいることですから。

小笠原　やはり言葉をとても大事にしているというのはありますね。**『リスボン物語』**のときも、公開題名をストーリーではなく必ず「物語」にしてくれとヴィム・ヴェンダースは言ったのです。日本の物語の語りということを彼は理解しているから。

野上　ヴィムもいい人でしたね。和子のことを話したときは泣いちゃってね。彼は写真もうまいですよね、うちに送ってくれましたけど、コッポラと黒澤さんのものすごくいい写真。それで、柴田さんから聞いたのだけど、和子さんが亡くなったということをヴィムが聞いたら、すっと表に出ていっちゃったって。一人で外にね。急でしたからびっくりしたのでしょうね。

池澤　僕にすれば、彼らを好いているそういう監督たちも、会うわけではないのだけどけっこう親しいような気がして、それは僕のファンとしての喜びをくすぐってくれるわけですよ。そうか、この人はあのヴィム・ヴェンダースと親しいのだっていうことが。タルコフスキーもね。

僕らは幸せでした

小笠原　映画を通して身近になるということを感じますね。スクリーンだけ見ているのだけど、どこかで何か人として付き合っているような。

野上　やっぱり、作品と人は同じなのですよ。

池澤　それで、ちょっとゴシップも聞こえてくるでしょう?**『サクリファイス』**の最後で家を燃やしますよね。あれは一回失敗したの、って和子さんから聞いた。実にぴったりとあの尺の中で燃え尽きて落ちたねと言ったら、「二度目なの、あれは」と言われたり（笑）。

小笠原　いろんなことが生で入ってくるというのが、映画とすごくフィットしているから、印象が強いですよね。

池澤　この世界でだけは、僕はミーハーでいられるのです（笑）。

野上　でも、ＢＯＷ以外にも映画を観られていたのでしょう?

池澤　そうですね、ひととおり好きでした。ただ、こんなにパーっと、彼らのセレクションに全部付き合うっていうような、そんな映画の観方をしたのはあの時期しかなかった。

小笠原　やはりこれだけの作品があるから。80年代のミニシアターブームというのがありましたけど、完全にＢＯＷの作品でミニシアターのかたちを作っちゃいましたよね。ひとつの映画の見せ方、観方のスタイルをね。

野上　今観られないっていうのはすごくもったいないね。

植草　それにしても和子さんというのはほんとうに映画が好きで映画を愛していた。結果的に文化というものを凄く日本に伝えてくれた。

野上　もう、本当にしつこいくらいにすごいですよ。作品に対しても、監督に対しても。だから本当に自分の好きなことをしていたから良かったのですよ。それが面白くてやっていたのだから、幸せだったのだろうと思いますよ。

池澤　それができる時代だったっていうこともあるでしょうね。結果としてヒットはしているけれど、稼ぐための映画って本当にないものね。

野上　そう、それでも結果としてそれをヒットさせたのがすごいですよ。

池澤　そうですね。やっぱりすごかった、と言えばそれでじゅうぶんなのです。僕らは幸せでした。

［２０１７年６月30日　渋谷ユーロスペースにて］

世界の名作を運んで44年

BEST FILM(S) OF THE WORLD

フランス映画社社長　柴田 駿

インタビュアー：植草 信和（元キネマ旬報編集長）

——フランス映画社を創設したのは1968年ですね。それまではどんなお仕事をなさっていたのでしょうか。

柴田　ユニフランス・フィルムにいました。フランス映画の普及とセールスのための半官半民の組織です。そのあとフランスのインディ系の映画を輸出するフェリックス・フィルムという会社の日本代表になりました、日本代表といっても私ひとりでしたが（笑）。フランス映画の輸入をメインに、いつかは日本映画のいい作品の輸出もできればと思い、フランス映画社を作ったのです。

——川喜多和子さんはどういうポジションだったのですか。

柴田　副社長です。彼女はシネクラブ研究会もやっていて大活躍してくれました。

——日本映画のいい作品というと大島渚さんや吉田喜重さんの作品ですか。

柴田　そうです。会社を作ってすぐ、大島さんと会った折に、飛行機代が今と違って高い時代でしたが、フランス映画を輸入するだけでなく日本映画の輸出もすれば飛行機代も一往復で済むんじゃないかと言われて、名案だなあと思ってしまった。輸出がどれほど大変か知らなかったんですね。『絞死刑』を任せていただき、フランスで高い評価を受けてアートシアター系でヒットし、『儀式』をへて、大島さんの名前は欧米で広く知られるようになり、後年、『愛のコリーダ』『愛の亡霊』という日仏合作映画に発展していくわけです。

——その『絞死刑』の輸出が、フランス映画社の最初の大きな仕事になった「ゴダール・マニフェスト」へと繋がっていくわけですね。

柴田　そうです。『絞死刑』をフランスで配給してくれたのがアナトール・ドーマンで、ゴダールの『彼女について私が知っている二、三の事柄』のプロデューサーです。『絞死刑』と『彼女について〜』を、いわば上映権の交換で互いに配給した。その機会に、当時まだ公開されていなかった『イタリアにおける闘争』『カラビニエ』など7本をそろえて、70年と71年にわたる「ゴダール・マニフェスト」になったということです。

——「ゴダール・マニフェスト」は日本で初めての監督特集上映で、当時の若者に大きな影響を与えました。フランス映画社が次に手がけたのが「ハロー！キートン」でバスター・キートン作品の連続上映、これも大成功でした。そし

ていよいよ1976年から『恐るべき子供たち』を第1作とするBOWシリーズが始まります。

柴田　76年に『愛のコリーダ』の合作が完成して世界セールスはフランス側にまかせて、輸入にさける時間がとれるようになったのですが、数年間にヨーロッパの名作が手許に貯まっていました。公開劇場はなかったけれども、観客がいい映画を観たい、との期待感は大きかったと思います。

――『恐るべき子供たち』は『新学期・操行ゼロ』との二本立てで三百人劇場でしたね。

柴田　そうです。次の『大いなる幻影』は岩波ホールでしたが、両方とも映画の上映館ではありませんでした。三百人劇場は「劇団昴」の拠点劇場、岩波ホールは詩の朗読、芝居などをやっていたころです。岩波ホールが映画を継続的に上映するようになったのは『家族の肖像』あたりからでしょう。60年代にはATGが日劇文化とアートシアター新宿文化の二館を拠点に外国映画を続々上映し、やがて日本映画の製作に展開していきましたが、今の単館への流れの原点ではないでしょうか。外国映画の上映では、70年代には単館の流れが切れていました。もっとも単館という言葉も概念もない時代でしたけれども。

――単館系が定着したのはいつごろでしょうか。

柴田　そうですね、フランス映画社でいえば1983年にシネ・ヴィヴァン六本木が『パッション』でオープンし、1987年にシャンテ・シネが『グッドモーニング・バビロン!』でオープンしたころからですね。

1991年 バウ・シリーズ公開100本記念パーティで（日比谷松本楼）

――岩波ホールはその走りといってもいいと思いますが、『家族の肖像』の翌年の1979年に『木靴の樹』と『旅芸人の記録』を連続上映して興行的に成功させ、しかも作品的にはキネマ旬報ベストテンの1位と2位、素晴らしい快挙でしたね。

柴田 『木靴の樹』が3時間7分、『旅芸人の記録』が3時間52分、こんな長い映画をやってくれる映画館はなかったし、ましてや当るなんて誰も思っていませんでしたからね。『木靴の樹』が8週間、『旅芸人の記録』が10週間、それでもお客さんが溢れていましたから、今思うともったいなかったですね（笑）。口コミがすごくて、観客のいい映画を観たいという「枯渇感」を痛感しました。

――次のエポックが1981年の『ブリキの太鼓』ですね。

柴田 買い付け値段が高くてどこも買おうとしませんでした。皆さんになぜフランス映画社がやらないんだと責められ、プロデューサーのアナトール・ドーマンには「お前をテストしてやる」と高値で威されました。幸い映画はヒットしてホッとしましたが、その前にもったいない前座をやっている。

――その前というと『天井桟敷の人々』ですか。

柴田 そうです。リバイバルですが、私は自信があったから2館で6週から8週組んでもらったんです。お客さんもよく来て週アベレージで2館とも1千万円上っていたんですが、サンリオの『ユニコ』という映画が入ってきて4週で打ち切られてしまった。辛かったですね。でも

「いい映画は何回やってもお客さんはきてくれる」という確信がもてました。

――『ブリキの太鼓』はドイツとフランスの合作ですが、その後、スペイン映画の『ミツバチのささやき』、ドイツ映画の『ベルリン・天使の詩』など、フランス映画以外でも多くのヨーロッパ映画を輸入しています。そして1989年には初めてのアジア映画として台湾の『恋恋風塵』を輸入していますね。

柴田　フランスのナント三大陸映画祭によく出かけていた川喜多和子が、そこで見てすごく気に入ったんです。最初は何と読んでいいのか判らなくて「コイコイ風塵」なんて言っていましたが（笑）。でもアジア映画なんてやってもお客はこないと反対する劇場を説得するのは大変でした。

――前例がありませんからね。でも翌年の『悲情城市』も大ヒットさせ、『冬冬の夏休み』もやっていますね。都心、しかも日比谷のロードショー館で名も知られていない監督の台湾映画を上映させたわけですから、凄いことですよね。さて、大島作品の輸出から始まってヨーロッパ、アメリカの隠れた名作、それがアジア映画まで輸入するようになって世界が繋がったわけですが、外国映画の輸入するお仕事をどうお考えですか。

柴田　人気のある作品をおやりになる会社はたくさんあります。でも人気のないもののなかにもいいものはあるよ、というのがフランス映画社のポジションになったんでしょうか。望んだのではなく、自然にそうなったんですけれど。映画の輸入配給は人と人の紹介者、作品と観客の紹介者、ということも含めてですが、そういう仕事だと思っています。

――川喜多和子さんと立ち上げたフランス映画社も設立して44年、和子さんが亡くなられて18年が経とうとしています。和子さんが果たした役割をどのようにお考えでしょうか。

柴田　映画への愛にあふれていました。母上の川喜多かしこさんから受け継いだ愛でもあったでしょう。BOWシリーズがお手本としたのは、かしこさんがつくられたATGの映画の見せ方でしたから。作者が作ったようにお見せする。今はデジタルシネマ化で欧米でもフィルム上映の撤退が激しいようですが、和子ならなんというか。映画館から撤去される35ミリの映写機を買いに走りまわっているかもしれませんね。

一般社団法人 外国映画輸入配給協会 発刊（2012年4月1日 発行）
「外国映画に愛をこめて・外配協の50年」より転載

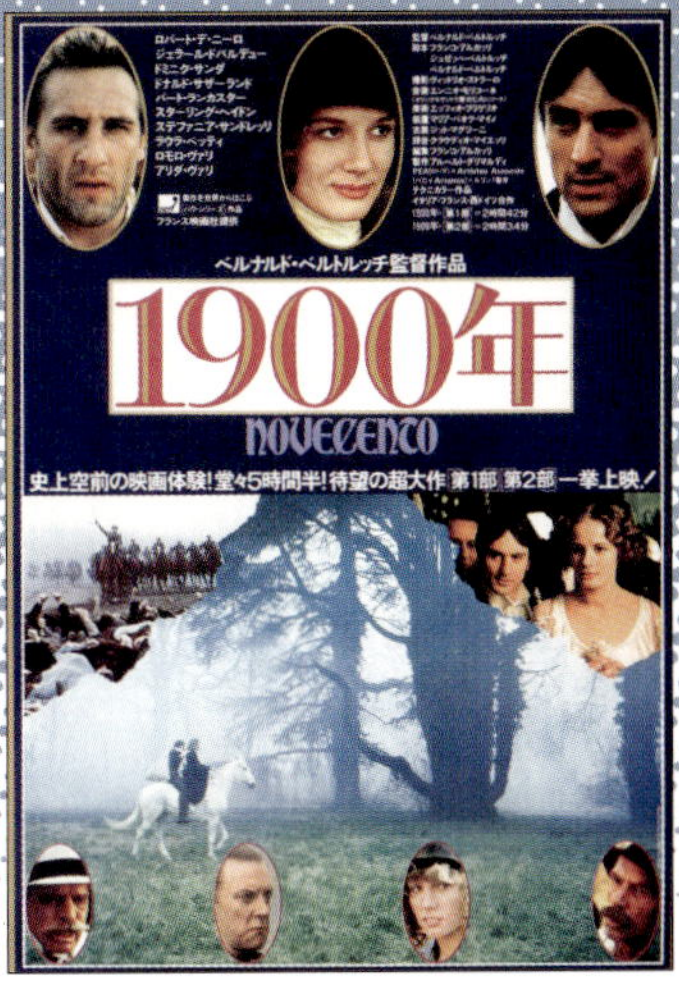

証言──現場から

BEST FILM(S) OF THE WORLD

高橋昌治

齋藤敦子

田井 肇

松岡葉子

平野勇治

北條誠人

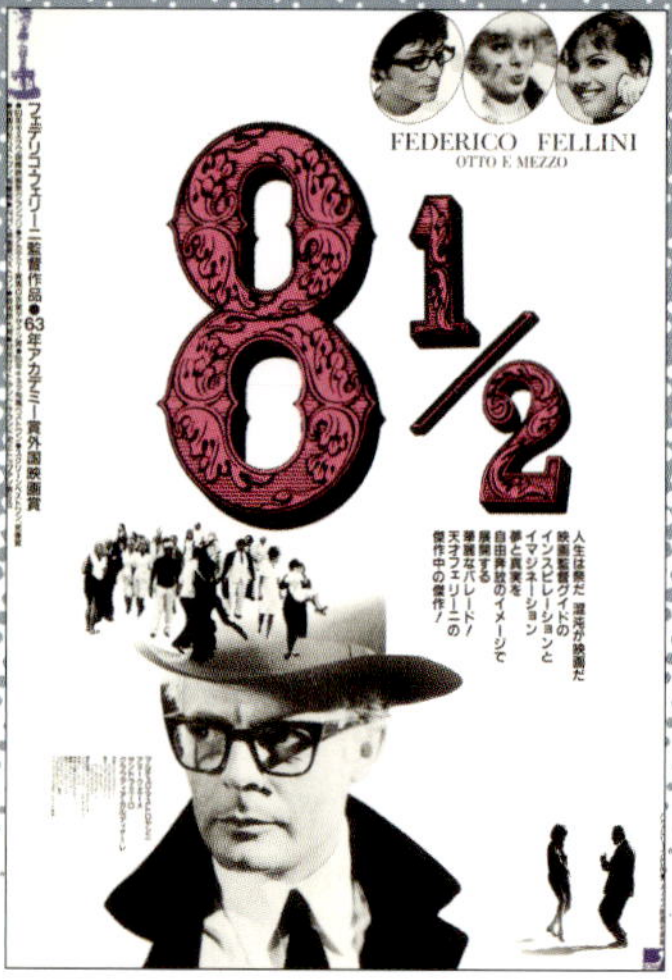

BOW

柴田さんと和子さんと『ベルリン・天使の詩』

◆髙橋昌治

【柴田さん】

柴田さんの映画への思い、宣伝のこだわりに驚かされることが幾度となくあったった。確か『ペレ』のときだったと思う。公開の数ヶ月前、ポスターの校正刷りができたので見てほしいとの連絡が柴田さんからあった。早速フランス映画社に行く。テーブルの上に校正刷りは広げてあり柴田さんは腕組みをしてポスターを睨んでいる。何も言わない。時々席を外して他の仕事を片付ける。戻ってきてまた腕組み。3～4時間経って夕刻になる。おもむろに「この色が…」「この写真は…」などとぽつぽつと細部について注文を出し始める。デザイナーがあちこちに朱を入れて、ポスターは書き込みで一杯になる。ポスターの色あいや写真のサイズ（それもわずか1ミリか2ミリ?）、コピーの位置など、お客様から見ればそれほどこだわるところではないし、作品のクオリティーやイメージを損ねることなどないと思われる部分にも事細かに注文が出る。柴田さんの厳しさがよく表れていた。この映画を、この作家を日本のお客様に正しく知って欲しい、伝えたいという思い。お客様の感性・知性に迫ろうとする仕事ぶりに圧倒された数時間だった。結局僕は柴田さんに気圧されて一言も言葉を発することができなかった。

【柴田さんと川喜多（和子）さん】

作品の配給・宣伝については全権・全責任を一人で負う気概で仕事をされていた柴田さんは自分と異なる意見に対しては徹底して反論した。特に感性の部分については決して妥協しなかった。何の作品の打ち合わせか思いだせないが、宣伝

1990年 シャンテシネから渋谷ブロック支配人への人事移動の送別会で

の話を、雑談のように柴田さん、川喜多さんと僕でしていたとき、突然柴田さんが激高し川喜多さんに「君はだまっていろ!」となった。僕のそれまでの印象ではお二人は夫唱婦随、いつも仲がよく、作品の売り込みの共同作業には理想のカップルといった趣があった。それが一変しての大怒号。川喜多さんはそれとなく席を外しご自分の机に向かって仕事を始めた。柴田さんの仕事に対峙する姿勢、それには人間の持つ生存をかけた闘争心から発しているかのような迫力・緊迫感があり、僕には意見を述べる、ましてや反論する感性も素地の力もなかった。川喜多さんの「怒り」のかわし方もお二人の素晴らしい関係の表れかもしれない。川喜多さんは柴田さんの最も良き理解者であったと思う。

【柴田さんとお客様】

シャンテシネ2がBOWシリーズの専門館だったことから、柴田さんは寸暇を惜しんで劇場に来られた。徹夜の作業後、目を真っ赤にして来られたことも度々だった。特にロードショーの初日から1週間ほどは毎日のように劇場においでになり、お客様の人数チェック(イコール売り上げである)はもちろん、その様子を知ろうとロビーや客席を回っていた。お客様の顔をそれこそ覗き込みながら、その日の客層、終映後のお客様の反応を確認するのが日課だった。劇場の事務所に来て「今日は常連さんが多い」「少ない」「こんなことを話していた」などと話し込むのが常だった。

僕は映画が好きでこの業界に入り、多くのお客様と様々な場面で接するのが楽しみでそれを糧として仕事をしてきた。しかし劇場の基本は収入と支出のバランス。いつしかお客様を忘れ数字を追いかけていた。しかし柴田さんと仕事をするなかで当然ではあるが興行マンはお客様あってこそ。映画の製作や配給に携わっている人との有意な差は、お客様に直接接していることだと痛感し、多いに反省し、その後の映画興行部での仕事の拠りどころのひとつになった。

【『ベルリン・天使の詩』の思い出】

1987年のカンヌ映画祭から帰ってすぐに、興奮した柴田さんが劇場に来て「髙橋さん、すごい映画を買った」と言った。その後プリントが入荷し字幕を入れる前に「すごい映画」の試写を僕は観た。絵が素晴らしかった。そして柴田さんは字幕制作の仕事に入ったが、かなり時間がかかった。途中で柴田さんが「字幕を入れているけど難しい」と言われた。ようやく字幕が完成し作品を観たときに本当に難しいと思った。柴田さんは字幕制作が難しいという意味で言ったのだろうけど、お客様にどのようにこの映画を伝えるか、その切り口が難しいというのがぼくの第一印象だった。様々な困難を乗り越えて、柴田さんをはじめ関係者の必死の努力で、

映画は大ヒット。単館ロードショーとしての大記録を達成した。柴田さんの執念が見事に実ったと思っている。

髙橋昌治（たかはし・まさはる）東宝サービスセンター社長
1951年10月生まれ。神奈川県藤沢市出身。1974年東京教育大学（現・筑波大学）卒。同年4月東宝株式会社入社。日比谷みゆき座（『エマニエル夫人』『ジョニーは戦場へ行った』『カッコウの巣の上で』）、有楽座（『地獄の黙示録』『エイリアン』）、日比谷映画（『南極物語』『ランボー怒りの脱出』）シャンテシネなどの劇場営業を経て、1990年渋東シネタワー支配人。1997年同社取締役。2005年から2014年一般社団法人映画演劇文化協会兼務（「午前10時の映画祭」ミュージカル『王様と私』）。2014年5月東宝不動産株式会社社長。2017年4月現任。

BOW

フランス映画社と私

◆齋藤敦子

私がフランス映画社に入社したきっかけは、83年に柴田駿社長と川喜多和子さんに出会ったことだった。当時、私はパリで私立の映画学校に通いながら、富山加津江さんが発行していた月刊イメージフォーラムという映画雑誌に記事を投稿していた。83年5月に月刊イメージフォーラムのプレスバッジでカンヌ映画祭に初参加。この年のコンペに大島渚監督の『戦場のメリークリスマス』と今村昌平監督の『楢山節考』が出品されていて、どちらかの記者会見で二人の姿を遠目に見ている。そして9月、私の下宿、といっても屋根裏部屋に突然、一面識もない柴田さんから電話が掛かってきた。ヴェネツィア映画祭からの帰りの飛行機でラウール・ルイスと一緒になった、これから彼に会うのだが、「あなた、ルイスに会いたくありませんか?」と言う。びっくりした。私が書いた映画評を読んでいて、東京の富山さんに私の電話番号を問い合わせたのだと後で聞いた。待ち合わせ場所はシャンゼリゼ大通りから少し入ったセルティックというホテルのバーで、約束の時間に行くとルイスが一人、ぽつんとビールを飲んでいた。思いきって自己紹介し、ビールを飲みながら話をしていると、和子さんが「よかったよかった、先に話を始めてくれて」と言いながら入ってきた。柴田さんが仕事の都合で来られなくなったのだと謝る。せかせかと忙しそうな足取り、くったくのない笑顔。今思い出しても、まったく和子さんらしかった。

ホテルセルティックは今、ピエール・ガニェールという高級レストランに

結局、会ったのは和子さんだけで、柴田さんとは電話で話しただけに終わったが、このときの二人の印象は後々までまったく変わらなかった。柴田さんの知識と粘り、和子さんの社交性と映画センス。それがBOWシリーズの鍵だった。

その年の末、急転直下、映画学校を途中でやめて帰国することになり、フランス映画社に拾ってもらって、84年4月から89年末まで、映画的に言えば**『カルメンという名の女』**から**『悲情城市』**まで、社員として働くことになった。残念ながらラウール・ルイスの映画は配給できなかったが、BOWシリーズ最良の時期に関われたことを私は光栄に思う。

『ダウン・バイ・ロー』の記者会見でのジャームッシュと和子さん

齋藤敦子（さいとう・あつこ）映画評論家／字幕翻訳家

静岡県沼津市生まれ。奈良女子大学文学部卒。Conservatoire Libre du Cinéma Français 編集科終了。フランス映画社宣伝部勤務を経て、フリーの映画評論家、字幕翻訳家。翻訳書にピエール・ブロンベルジェ著「シネマメモワール」（白水社）、メアリー・パット・ケリー著「スコセッシはこうして映画をつくってきた」（文藝春秋）トニー・リーヴス著「世界の映画ロケ地大事典」（晶文社）ジョン・バクスター著「パリ、快楽都市の誘惑」（清流出版）など。字幕翻訳に、アスガー・ファルハディ『セールスマン』、メル・ギブソン『ハクソー・リッジ』、ダニエル・トンプソン『セザンヌと過ごした時間』、ジム・ジャームッシュ『ギミー・デンジャー』など。河北新報のウェブサイトに10年に渡って連載した「シネマに包まれて」を移行したブログ「新・シネマに包まれて」で映画祭レポートを執筆中。

知への憧れ

◆田井 肇

10代の頃の僕は、頭でっかちの理屈屋で、学校のお勉強をバカにして、ムツカシイことを書いたり言ったりすることがカッコいいと思っていた。家は貧しかったからオシャレやギターやバイクにも無縁で、ケンカをする度胸も腕力もなかったし、スポーツに打ち込む根性も運動神経もなかった。そしてのめり込んだのが「映画」だった。

光より影、多数より少数、勝者より敗者に魅かれ、映画も、A級よりもB級、文芸映画よりロマンポルノ、ハリウッド映画より小国の映画が好きになっていった。いや、ほんとうに好きだっ

たのかどうかはアヤしい。そういう映画を好きであるということが好きだっただけかもしれない。

いずれにしてもそんな僕の映画遍歴を振り返れば、まちがいなく僕を僕にしたのは、BOWシリーズの映画だった。BOWシリーズの第1弾**『恐るべき子供たち』**公開時に20歳で、その後リアルタイムでBOWシリーズの映画に触れる「世代の利」を得たことは、何という幸運であったろうかと思う。

しかし、1970、80年代は、僕の住む九州の片田舎でBOWシリーズの作品が映画館で公開されることは稀だった（**『旅芸人の記録』『木靴の樹』『ブリキの太鼓』『1900年』『ストレンジャー・ザン・パラダイス』『パリ、テキサス』**くらいか）。だから、仲間と映画館を平日の夜1回だけ借り自主上映会を開いていた。未知の作家の映画から、観ることが叶わなかった映画史に残る傑作まで、BOWシリーズの大半の映画を自主上映し、そしてその成れの果てにと言うべきか、僕は1989年に自ら映画館を経営することになり、**『ベルリン・天使の詩』**以降のBOWシリーズの全作品を劇場公開した（僕の血であり肉であるBOWシリーズの作品個々の思い出は、この10倍の紙数があっても書き尽くせない）。

そしてBOWシリーズが幕を閉じた今、思う。映画は、あるいは僕の映画館は、「知への憧れ」を、かつてのように喚起し得ているのだろうかと。

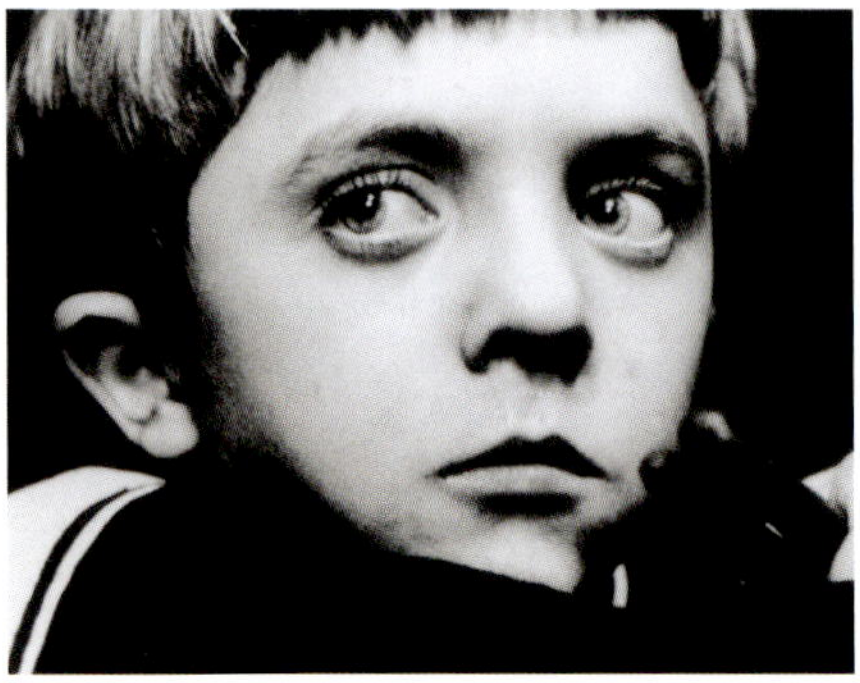
『ブリキの太鼓』

『ベルリン・天使の詩』

田井肇（たい・はじめ）シネマ5支配人
1956年、岐阜県生まれ。1976年に、現存する映画祭の中では最古と言われる湯布院映画祭の立ち上げに実行委員として関わる。1989年、閉館が決まっていた大分市のシネマ5を引き継ぎ、当時は地方で上映されることが少なかったアート系映画の専門館として経営をスタート。ミニシアター文化を街に根付かせた第一人者である。2011年には、閉館した同市内のセントラル劇場のうち1館を引継ぎ、シネマ5bisと名付けてオープン。2006年より大分県興行組合理事長を務める。また、全国のミニシアターの結束を目的とした団体、コミュニティシネマセンター代表理事を2013年より務める。

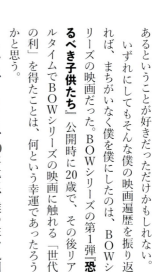

BOW

フランス映画社の思い出

◆松岡葉子

ひょんなことから社長の柴田駿さんからお電話をいただき初めて訪れたフランス映画社は、銀座一丁目のこじんまりしたビルで、当時二丁目にあった本社の別館のようなところだったと記憶している。その場で契約社員としての採用が決まり、それが映画業界に踏み出した第一歩だった。折しも千石にあった三百人劇場でBOWシリーズ特集上映が行われていて、副社長の川喜多和子さんから「毎日、劇場に通って映画を観ていらっしゃい」と言われたのが何とも贅沢な初仕事。そこで**『密告の砦』**や**『皆殺しの天使』**や**『ピクニック』**など忘れがたい作品の数々と出会った。そして初めてのお使いが小笠原正勝さんがデザインなさった**『マリア・ブラウンの結婚』**の新聞広告用のゲラを写植屋さんに届けること。落としてはいけない、汚してはいけないとドキドキしながら銀座通りを歩いたのを覚えている。それからわずか2年足らず、**『1900年』**を最後にフランス映画社を退社してフリーの道に進むことになるのだが、足掛け2年の間にカンヌ映画祭でヴィム・ヴェンダースの追っかけをしたり、来日したベルトルッチにからかわれたり、クリス・マルケルに友人が自主制作したCDを押し付けたり…、濃密な日々を過ごしてきたと思う。それから長い空白期間を置いて、今度は字幕翻訳者という立場で柴田さんと関わりを持つことになった。その機会に柴田さんから教わったことはとても書き尽くせない。今も仕事をする上で、何か迷うことがあれば戻っていく大事な原点となっている。

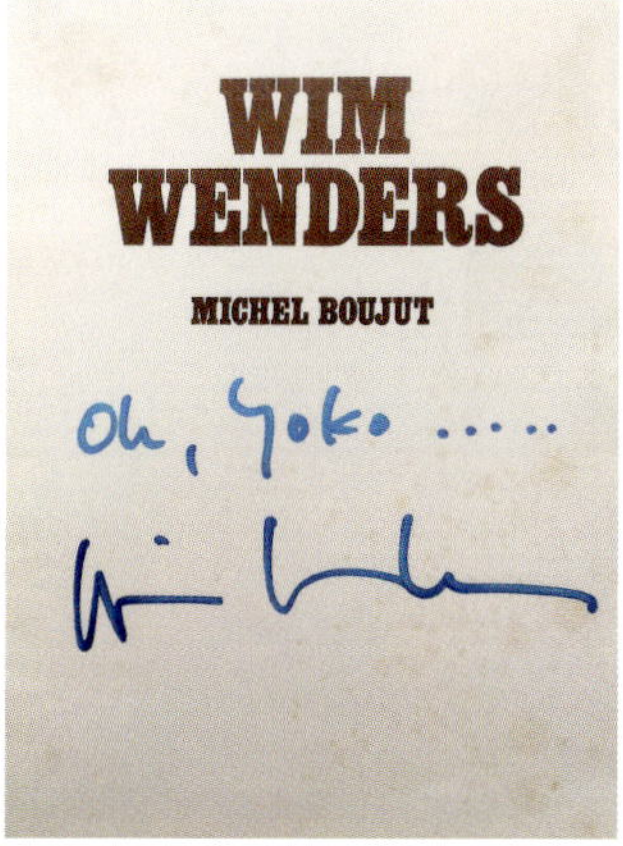

自分の本にヴェンダースのサインをもらう

松岡葉子（まつおか・ようこ）
字幕翻訳家／映画翻訳家協会会員

福岡県生まれ。大学卒業後、フランスに語学留学。帰国後に、映画配給会社の株式会社フランス映画社に入社。そこで字幕の基礎を教わり、退社後は自然に字幕翻訳の道に入る。フランス語、英語を中心に劇場公開作品、映画祭など幅広く字幕翻訳を手がける。初期の作品に、『ポンヌフの恋人』（1992）、『奇跡の海』（1997）など。近作には『英国王給仕人に乾杯！』（2008）、フランソワ・オゾン監督×カトリーヌ・ドヌーヴ主演の『しあわせの雨傘』（2011）、『アデル、ブルーは熱い色』（2014）、『サンバ』（2014）、『トラッシュ！この街が輝く日まで』（2015）、『パプーシャの黒い瞳』（2015）、『アリスのままで』（2015）、『ヴィオレット—ある作家の肖像—』（2015）、『グランドフィナーレ』（2016）、『アイヒマン・ショー 歴史を映した男たち』（2016）など。映画美学校・映像翻訳講座の講師を長年務めている。

BOW

〝劇場力〟を引き出すフランス映画社の〝営業力〟

◆平野勇治

「フランス映画社」という名前は、いつ覚えたのだろう。初めて観た配給作品は、多少おぼろげな記憶ながら77年公開の『**密告の砦**』。その後『**木靴の樹**』『**奇跡**』を見た。「渋い映画を公開する会社だな。それに、フランス映画じゃないのばっかりじゃないか…」。おそらく、そんな感想というか疑問を抱きながら、社名を記憶したと思う。だが、79年公開の『**旅芸人の記録**』には、完全にドギモを抜かれた。この頃にはフランス映画社の名は、業界のみならず多くの映画ファンに知れ渡っていたはずだ。私もまた、これまで見たことのない映像表現を果敢に紹介してくれる映画会社として、一番に注目するようになっていた。

しかし、自分が映画館に勤め、その会社と頻繁に仕事をするようになろうとは。関われるだけでも嬉しかったが、加えて映画館のブッキングを担当されていた若林薫氏の、率直にして辛辣な言動の数々には、新人支配人として多くを教えられた。初めてお会いした時、フランス映画社作品への思い入れを語る私に「そんな話、聞きたくないね！」といきなり先制パンチ。「俺が聞きたいのは、名古屋での宣伝戦略なの。お客をどうやって呼ぶ？ プランは？」……。たしかにいくら映画が良くても、お客に観てもらえなければほとんど意味がない。自分はそういう現場の人間になっていることをはっきり認識させられた言葉だった。まぁ、食えないオヤジだと思ったのも確かだけれど（笑）。

とはいえ、以後、若林さんとの付き合いは20年に及んだ。仕事上の話は、とにかく「いかにお客を呼ぶか？」。それを考える材料になるだろうと、監督の来日会見などがあるときは、東京に呼んでくれた。映画に近づいてその核心に触れることから、作品の良さを伝える方法や言葉を探してみろ、ということだったのだと思う。作品から遊離した宣伝は、瞬間的に人をつかむことはあっても、結局、作品も観客も裏切ることになる。それは、今でも、心に刻んでいることだ。フランス映画社には、映画の観方と仕事の仕方の両方を、教わった。感謝している。

『1900年』

名古屋シネマテークのロビー

平野勇治（ひらの・ゆうじ） 名古屋シネマテーク支配人
1961年、名古屋市生まれ。1982年にオープンしたミニ・シアター「名古屋シネマテーク」で、開館時よりスタッフ。87年より支配人を務め、現在に至る。

BOW

世界で初めての上映

◆北條誠人

ユーロスペースとフランス映画社との初めての仕事は、全8部の上映時間4時間28分の**『ゴダールの映画史』**。それはフィルムではない映画で、映画祭などでその一部が上映されているけれども劇場公開は世界中、まだどこでも一挙上映されていない映画で、画面と音響から圧倒的な情報量を持った映画。デジタルで上映といっても2000年のことだからプロジェクターは3管式、サーバーではなくデジタルベーカムのテープでの上映。はたしてこの作品は劇場公開がきちんとできるのかという畏怖よりも、映画史に残る仕事になるかもしれないなくらいの浅薄な考えで私は臨んでしまった。

　字幕については映画の翻訳はもちろんのこと、美術史や音楽史の専門家を含めた22人が名を連ねる「映画史翻訳集団2000」というグループを作っての完璧な翻訳体制を組んできた。いろいろな情報、さまざまな翻訳、それらをまとめて読みやすく判りやすい、ひとつの字幕にまとめ上げていく作業を根気強くやっていた柴田駿さんは、この映画を自分たちの手で世の中に出していきたいという一心だったと思う。

　ユーロスペースでの映写チェックもテスト版の上映素材を使って柴田さんやフランス映画社のスタッフとともに何回か済ませて、いよいよ本編素材がそろっての最後の映写チェックのとき、柴田さんが同じ画面を何度も何度も繰り返して、黒の引き締まった発色、その画面に合った音量の調整に挑んでいたことがとても印象に残っている。そういえばユーロスペースで使用しているソニーのプロジェクターとデッキの機種番号を配給スタッフに尋ねられたことがあったが、もしかしたら監督に報告していたのかもしれないとこの映写

チェックの時に思い出した。世界で初めての劇場公開、不完全は許されないという柴田さんの一心だったと思う。

映画を観せる者としての作品へのこだわりと挑戦、翻訳・上映素材のこだわり、上映環境への徹底。その思いにユーロスペースが応えられたか、いまでも心細く思う。

北條誠人（ほうじょう・まさと）ユーロスペース支配人

1961年、静岡県生まれ。大学在学中から映画の自主上映に携わる。1985年、ミニシアターの草分け的存在であったユーロスペースで働き始め、1987年から支配人を務める。ミニシアターの創生期から現在までの約30年間をミニシアターとともに駆け抜けてきた。ユーロスペースは劇場として映画を上映するだけでなく、映画の製作や配給も手がけている。主な製作作品に松岡錠司監督『アカシアの道』など。主な配給作品にフランソワ・オゾン監督『まぼろし』、アッバス・キアロスタミ監督『ライク・サムワン・イン・ラブ』、アキ・カウリスマキ監督『ル・アーブルの靴みがき』など。

2000年（平成12年）6月16日（金曜日）　2版　10

ゴダールの新作「映画史」

難解な大作に若者が行列

日本で世界初の劇場公開

映画「勝手にしやがれ」「気狂いピエロ」などで知られ、「ヌーベルバーグ」を代表するフランスの映画監督、ジャン＝リュック・ゴダールの新作「映画史」が、世界で初めて日本で劇場公開されている。ゴダールが10年以上かけて完成させた4時間半にも及ぶ長大で難解な作品の上映を「文化的事件」と呼ぶ人さえいるほどだ。上映を実現した「現場」の奮闘を探った。【桐山　正寿】

★10年以上かけ完成

「映画史」はゴダールが見たり読んだり聞いたりした映画、絵画、小説、詩、哲学などの断片を引用し、映像とナレーション、音楽を重ね合わせた作品。時間の経過を追って「歴史」が展開するのではなく、特別なストーリーもなく、膨大な映画フィルムなどをビデオに変換して組み合わせ（モンタージュ）ていて、イメージが洪水のように流れていく。第1章「すべての歴史」、第2章「ただ一つの歴史」、第3章「映画だけが」……第8章「徴は至る所に」と、それぞれの章が独立した作品として成立している。

1、2章が完成したのは1988年。資金不足などから、一時中断したが、94年から96年にかけて3章から7章が完成。97年に5章と7章がカンヌ映画祭で上映されたが、以後はビデオ作品をフィルムに再変換する方法をゴダール自身が認めなかったため、フィルム上映が閉ざされてしまった。98年に全8章が完成、フランスでは全4巻のビデオとして発売され、99年夏にはカナル・プルュス系列が全欧に向けテレビで放映した。

今回、ビデオ素材をビデオ・プロジェクターによってスクリーンに投射するエレクトロ方式で映画館の大スクリーンでの上映が実現した。挑戦した東京・渋谷の映画館ユーロスペース支配人、北條誠人氏は「いちばん難しい作品の上映。映画青年の夢でした」と話す。プロジェクターを補修して色の微妙な調整に心を砕き、画質のクオリティーを確保できたという。

「映画史」の冒頭では、ロベール・ブレッソン『シネマトグラフ覚書』の一節がゴダールのナレーションで聞こえ、カルトン（画面に表示される文字）がウェルギリウス『アエネーイス』を映し出す。このような古今東西の難解な引用を日本語の字幕にする大事業が待っていた。松岡葉子、蓮實重彦、浅田彰、細川晋、野谷文昭、柴田駿の各氏ら20人を超える「映画史翻訳集団2000」が結成され、専門分野のチェックに当たった。

★困難極めた翻訳

それでも、原則としてナレーションは画面下に13字×2行、カルトンは画面右に11字×2行しか表示できない。作品の広大な意味世界を理解してもらうために、全テクストを採録したパンフレットも作成された。仏・ガリマール社刊行のビジュアル本とナレーションを収録したECMレコードのライナーノートを参考にした。翻訳集団の一員でテクストの校訂に当たった堀潤之氏は「死ぬほど面倒くさい作業だった」と話す。引用の出典を探査し注釈をつける作業は「いくらやってもキリがなかった」と振り返る。

ユーロスペースでは、第1部（第1章～第4章、5月13日～6月9日）と第2部（第5章～第8章、6月10日～23日）の2回に分けて、入れ替え制での上映となった。北條支配人は「近年、ゴダールの新作は、ミニ・シアターのレイトショーでやられていた。それを、昼にやるわけだから冒険でした」と話す。

★追加上映も満杯に

が、初日の初回から立ち見が出た。学生を中心に若い人が押しかけた。第1部上映の最終週には、各回入場できないお客さんに帰ってもらう事態となり、10日の夜に急きょ追加上映、それでも入り切れない人が出た。

「ホームページの掲示板に『こんなに真剣に画面と向かいあっている映画館ははじめて』という声がありました。パンフレットを2人に1人のお客さんが買っていかれることからも、画面の言葉を追っていることがわかります」と北條さんは観察する。

〝20世紀芸術〟である映画の歴史を描いた作品の上映をぜひ今年のうちに、という関係者の強い思いが結実した。堀氏は「ゴダールは、映画に対する批判的視点を持ち続けた人。ビデオを使った『映画史』の制作も、映画に対する批判的手法の現れ。テレビ画面ではわからない映像や音のディテールがスクリーンでは発見できる」と喜んでいる。上映を望む声に応えて、全国巡回も決まった。

映画館に行列する人

いずれも「映画史」の１場面

毎日新聞夕刊より

ベスト・オブ・バウ・シリーズ
BOW
シャンテシネ2とフランス映画社が映画を愛するすべての人々にお贈りする8番組12傑作!
●悲情城市
●トト・ザ・ヒーロー
●東京画
8月7日㊏→9月3日㊎
川喜多和子追悼上映■シャンテシネ2■フランス映画社提供

『冬物語』〈四季の物語〉Conte d'hiver（1991‖フランス映画‖112分）**●11/7 ユーロスペース**
　監督：エリック・ロメール／出演：シャルロット・ヴェリー、フレデリック・ヴァン・デン・ドリーシュ

1999

『りんご』 Sib（1998‖イラン・フランス合作映画‖86分）**●1/30 シャンテ・シネ2**
　監督：サミラ・マフマルバフ／出演：マスメ・ナデリー、ザーラ・ナデリー

『永遠と一日』 Mia eoniotita mia mera（1998‖ギリシャ・フランス・イタリア合作映画‖134分）**●シャンテ・シネ2**
　監督：テオ・アンゲロプロス／出演：ブルーノ・ガンツ、イザベル・ルノー

『黒猫・白猫』 Black cat, white cat（1998‖フランス・ドイツ・ユーゴスラヴィア合作映画‖130分）**●8/21 シャンテ・シネ2**
　監督：エミール・クストリッツァ／出演："ドクトル・コーリヤ"バイラム・セヴェルジャン、スルジャン・トドロヴィッチ

『ゴースト・ドック』 Ghost dog/the way of the samurai（1999‖アメリカ・日本・フランス・ドイツ合作映画‖116分）**●11/27 シャンテ・シネ2**
　監督：ジム・ジャームッシュ／出演：フォレスト・ウィテカー、ジョン・トーメイ

2000

『映画史』 Historie (s) du cinema（1998‖フランス映画‖268分）**●5/13 ユーロスペース**
　監督：ジャン=リュック・ゴダール／出演（声）：ジャン=リュック・ゴダール、ジャン=ピエール・ゴス

2001

『はなればなれに』 Bande a part（1964‖フランス映画‖96分）**●2/3 銀座テアトルシネマ**
　監督：ジャン=リュック・ゴダール／出演：アンナ・カリーナ、サミー・フレイ

2002

『恋ごころ』 Va savoir（2001‖フランス・イタリア・ドイツ合作映画‖155分）**●2/9 シャンテ・シネ2**
　監督：ジャック・リヴェット／出演：ジャンヌ・バリバール、セルジオ・カステリット

『ウィークエンド』 Week-end（1967‖フランス・イタリア合作映画‖104分）**●4/27 ユーロスペース**
　監督：ジャン=リュック・ゴダール／出演：ミレイユ・ダルク、ジャン・ヤンヌ

『フォーエヴァー・モーツアルト』 For ever Mozart（1996‖フランス・スイス・ドイツ合作映画‖85分）**●6/29 ユーロスペース**
　監督：ジャン=リュック・ゴダール／出演：ヴィッキー・メシカ、マドレーヌ・アサス

『JLG／自画像』 JLG/JLG | autoportrait de decembre（1995‖フランス・スイス合作映画‖56分）**●8/17 ユーロスペース**
　監督：ジャン=リュック・ゴダール／出演：ジャン=リュック・ゴダール、ジュヌヴィエーヴ・パスキエ

2004

『D.I.』 Divine Intervention-yadon illaheya（2002‖フランス・パレスチナ合作映画‖94分）**●4/26 ユーロスペース**
　監督：エリア・スレイマン／出演：エリア・スレイマン、マナル・ハーデル

2005

『エレニの旅』 Trilogia:to livadhi pou dhakrisi（2004‖ギリシャ・フランス・イタリア・ドイツ合作映画‖170分）**●4/29 シャンテ・シネ2**
　監督：テオ・アンゲロプロス／出演：アレクサンドラ・アイディニ、ニコス・プルサニディス

2006

『映画史特別編 選ばれた瞬間』 Les moments choisis des histoire(s) du cinema（2002‖フランス映画‖81分）
　監督：ジャン=リュック・ゴダール／出演（声）：ジャン=リュック・ゴダール、セルジュ・ダネイ

作成＝野村志保

『リスボン物語』 Lisbon story（1995‖ドイツ・ポルトガル合作映画‖104分）**●8/26 シャンテ・シネ2**
監督：ヴィム・ヴェンダース／出演：リュディガー・フォーグラー、パトリック・ボーショー
『旅するパオジャンフー』 足包江湖（1995‖日本・台湾合作映画‖95分）**●10/28 シャンテ・シネ2**
監督：柳町光男／出演：葉天爽、邱兎搬
『デッドマン』 Dead man（1995‖アメリカ映画‖121分）**●12/23 シャンテ・シネ2**
監督：ジム・ジャームッシュ／出演：ジョニー・デップ、クリスピン・グローヴァー

1996

『ユリシーズの瞳』 To vlemma tou odyssea（1995‖フランス・イタリア・ギリシャ合作映画‖177分）**●3/23 シャンテ・シネ2**
監督：テオ・アンゲロプロス／出演：ハーヴェイ・カイテル、マヤ・モルゲンステルン
『蜂の旅人』 O melissokomos（1986‖ギリシャ・フランス・イタリア映画‖122分）**●6/22 シャンテ・シネ2**
監督：テオ・アンゲロプロス／出演：マルチェロ・マストロヤンニ、ナディア・ムルージ
『猫が行方不明』 Chacun cherche son chat（1996‖フランス映画‖91分）**●7/27 シャンテ・シネ2**
監督：セドリック・クラピッシュ／出演：ギャランス・クラベル、ジヌディヌ・スアレム
『愛のめぐりあい』 Al di la delle nuvole（1995‖フランス・イタリア・ドイツ合作映画‖110分）**●8/24 スバル座**
監督：ミケランジェロ・アントニオーニ／出演：ジョン・マルコビッチ、イネス・サストル
『アルチバルド・デラクルスの犯罪的人生』 Esayo de un crimen（1955‖メキシコ映画‖91分）**●11/23 シャンテ・シネ2**
監督：ルイス・ブニュエル／出演：エルネスト・アロンソ、ミロスラバ・ステルン
『秘密と嘘』 Secrets&lies（1996‖イギリス映画‖142分）**●12/21 シャンテ・シネ2**
監督：マイク・リー／出演：ブレンダ・ブレッシン、ティモシー・スポール

1997

『ある貴婦人の肖像』 The portrait of a lady（1996‖イギリス映画‖145分）**●1/25 みゆき座 他**
監督：ジェーン・カンピオン／出演：ニコール・キッドマン、ジョン・マルコヴィッチ
『あこがれ美しく燃え』 Lust och fagring stor（1995‖スウェーデン・デンマーク合作映画‖130分）**●4/26 シャンテ・シネ2**
監督：ボー・ヴィーデルベリ／出演：ユーハン・ヴィーデルベリ、マーリカ・ラーゲンクランツ
『ネオン・バイブル』 The neon bible（1994‖イギリス映画‖92分）**●7/5 シャンテ・シネ2**
監督：テレンス・デイヴィス／出演：ジーナ・ローランズ、ダイアナ・スカーウィッド
『百貨店大百科』 Riens du tout（1992‖フランス映画‖98分）**●8/2 シャンテ・シネ2**
監督：セドリック・クラピッシュ／出演：ファブリス・ルキーニ、ジャン=ピエール・ダルッサン
『家族の気分』 Un air de famille（1996‖フランス映画‖111分）**●9/20 シャンテ・シネ2**
監督：セドリック・クラピッシュ／出演：ジャン・ピエール・バクリ、ジャン=ピエール・ダルッサン
『青春シンドローム』 Le peril jeune（1994‖フランス映画‖106分）**●11/22 シャンテ・シネ2**
監督：セドリック・クラピッシュ／出演：ロマン・デュリス、ヴァンサン・エルバズ
『キャリア・ガールズ』 Career girls（1997‖イギリス映画‖87分）**●12/20 シャンテ・シネ2**
監督：マイク・リー／出演：カトリン・カートリッジ、リンダ・ステッドマン

1998

『世界の始まりへの旅』 Viagem ao principio do mundo（1997‖ポルトガル・フランス合作映画‖95分）**●3/21 シャンテ・シネ2**
監督：マノエル・ド・オリヴェイラ／出演：マルチェロ・マストロヤンニ、ジャン=イヴ・ゴーチエ
『炎のアンダルシア』 Al massir（1997‖エジプト・フランス合作映画‖135分）**●4/25 シャンテ・シネ2**
監督：ユーセフ・シャヒーン／出演：ヌール・シェリーフ、サフィーア・エマリー
『ライブ・フレッシュ』 Carne tremula（1997‖スペイン・フランス合作映画‖101分）**●8/29 シャンテ・シネ2**
監督：ペドロ・アルモドバル／出演：リベルト・ラバル、ハビエル・バルデム
『春のソナタ』〈四季の物語〉Conte de printemps（1989‖フランス映画‖112分）**●11/14 ユーロスペース**
監督：エリック・ロメール／出演：アンヌ・テイセードル、フロランス・ダレル
『夏物語』〈四季の物語〉Conte d'ete（1996‖フランス映画‖114分）**●11/21 ユーロスペース**
監督：エリック・ロメール／出演：メルヴィル・プポー、アマンダ・ラングレ
『恋の秋』〈四季の物語〉Conte d'automne（1998‖フランス映画‖112分）**●11/28 シャンテ・シネ2**
監督：エリック・ロメール／出演：マリー・リヴェエール、ベアトリス・ロマン

1992

『都市とモードのビデオノート』 Notebook on cities and clothes（1989‖フランス・ドイツ合作映画‖81分）**●3/28 シャンテ・シネ2**
監督：ヴィム・ヴェンダース／出演：山本耀司、ヴィム・ヴェンダース

『ナイト・オン・ザ・プラネット』 Night on earth（1991‖アメリカ映画‖129分）**●4/25 シャンテ・シネ2**
監督：ジム・ジャームッシュ／出演：ウィノナ・ライダー、ジーナ・ローランズ
『こうのとり、たちずさんで』 To meteoro vima tu pelargu（1991‖ギリシャ・フランス・スイス・イタリア合作映画‖142分）**●9/19 シャンテ・シネ2**
監督：テオ・アンゲロプロス／出演：マルチェロ・マストロヤンニ、ジャンヌ・モロー 9/19シャンテ・シネ2
『狩人』 I kynighi（1977‖ギリシャ・ドイツ・フランス合作映画‖172分）**●11/14 シャンテ・シネ2**
監督：テオ・アンゲロプロス／出演：ヴァンゲリス・カザン、ベティ・ヴァラッシ
『シンプルメン』 Simple men（1992‖アメリカ映画‖106分）**●12/21 シャンテ・シネ2**
監督：ハル・ハートリー／出演：ロバート・バーク、ウィリアム・セイジ

1993

『トラスト・ミー』 Trust（1990‖アメリカ・イギリス合作映画‖106分）**●1/23 シャンテ・シネ2**
監督：ハル・ハートリー／出演：エイドリアン・シェリー、マーティン・ドノヴァン 1/23シャンテ・シネ2
『マルメロの陽光』 El sol del membrillo（1992‖スペイン映画‖139分）**●4/10 シャンテ・シネ2**
監督：ビクトル・エリセ／出演：アントニオ・ロペス=ガルシア、マリア・モレノ
『秋菊の物語』 The story of qiuku（1992‖中国・香港合作映画‖101分）**●6/19 シャンテ・シネ2**
監督：チャン・イーモウ／出演：コン・リー、レイ・ラオション
『オルランド』 Orlando（1992‖イギリス・ロシア・イタリア・フランス・オランダ合作映画‖94分）**●9/4 シャンテ・シネ2**
監督：サリー・ポッター／出演：ティルダ・スウィントン、シャルロット・ヴァランドレイ
『戯夢人生』 The puppetmaster（1993‖台湾映画‖143分）**●12/11 シャンテ・シネ2**
監督：ホウ・シャオシエン／出演：リ・ティエンルー、リン・チャン

1994

『ピアノ・レッスン』 The piano（1993‖オーストラリア映画‖121分）**●2/19 日劇プラザ 他**
監督：ジェーン・カンピオン／出演：ホリー・ハンター、ハーヴェイ・カイテル
『川の流れに草は青々』 Green green grass of home（1982‖台湾映画‖91分）**●2/26 シャンテ・シネ2**
監督：ホウ・シャオシエン／出演：ケニー・ビー、ジャン・リン
『スナッパー』 The snapper（1993‖イギリス映画‖95分）**●7/30 シャンテ・シネ2**
監督：スティーブン・フリアーズ／出演：ティナ・ケラハー、コルム・ミーニー
『アブラハム渓谷』 Vale abraao（1993‖ポルトガル・フランス・スイス合作映画‖189分）**●10/29 シャンテ・シネ2**
監督：マノエル・デ・オリヴェイラ／出演：レオノール・シルヴェイラ、セシル・サンス・デ・アルバ
『愛・アマチュア』 Amateur（1994‖アメリカ・イギリス・フランス合作映画‖106分）**●12/23 シャンテ・シネ2**
監督：ハル・ハートリー／出演：イザベル・ユペール、マーティン・ドノヴァン

1995

『階段通りの人々』 A caixa（1994‖ポルトガル・フランス合作映画‖96分）**●2/18 シャンテ・シネ2**
監督：ノエル・デ・オリヴェイラ／出演：ルイス=ミゲル・シントラ、ベアトリス・バタルダ
『親愛なる日記』 Caro diario（1993‖イタリア・フランス合作映画‖101分）**●4/22 シャンテ・シネ2**
監督：ナンニ・モレッティ／出演：ナンニ・モレッティ、ジェニファー・ビールス
『バルタザールどこへ行く』 Au Hasard balthazar（1966‖フランス・スウェーデン合作映画‖96分）**●6/10 シャンテ・シネ2**
監督：ロベール・ブレッソン／出演：アンヌ・ヴィアゼムスキー、フランソワ・ラファルジュ
『少女ムシェット』 Mouchette（1967‖フランス映画‖80分）**●6/10 シャンテ・シネ2**
監督：ロベール・ブレッソン／出演：ナディーヌ・ノルティエ、ジャン=クロード・ギルベール
『夜と霧』 Nuit et brouillard（1955‖フランス映画‖32分）**●6/10 シャンテ・シネ2**
監督：アラン・レネ／出演：（ナレーション）ミシェル・ブーケ
『野生の葦』 Les roseaux sauvages（1994‖フランス映画‖114分）**●7/22 シャンテ・シネ2**
監督：アンドレ・テシネ／出演：エロディー・ブーシェ、ゲール・モレル

1989

『カラビニエ』 Les carabiniers（1963‖フランス映画‖80分）**●1/4 スバル座**
監督：ジャン=リュック・ゴダール／出演：マリノ・マーゼ、アルベール・ジュロス
『右側に気をつけろ』 Soigne ta droite（1987‖フランス映画‖81分）**●1/28 スバル座**
監督：ジャン=リュック・ゴダール／出演：ジャン=リュック・ゴダール、ジャック・ヴィルレ
『東京画』 Tokyo-ga（1985‖ドイツ映画‖93分）**●6/17 有楽シネマ**
監督：ヴィム・ヴェンダース／出演：笠智衆、厚田雄春
『ペレ』 Pelle erobreren（1987‖デンマーク・スウェーデン合作映画‖150分）**●6/24 シャンテ・シネ2**
監督：ビレ・アウグスト／出演：マックス・フォン・シドウ、ペレ・ヴェネゴー
『スリープウォーク』 Sleepwalk（1986‖アメリカ映画‖75分）**●7/29 シャンテ・シネ2**
監督：サラ・ドライヴァー／出演：スーザン・フレッチャー、ニネリ・アン・マグナスン
『コーヒー&シガレット』 Coffee and cigarettes（1986‖アメリカ映画‖6分）**●7/29 シャンテ・シネ2**
監督：ジム・ジャームッシュ／出演：ロベルト・ベニーニ、スティーヴン・ライト
『イタリア不思議旅』 Domani accadra（1988‖イタリア映画‖91分）**●8/5 シャンテ・シネ1**
監督：ダニエル・ルケッティ／出演：パオロ・ヘンデル、ジョヴァンニ・グイデッリ
『大人は判ってくれない』 Les quatre cents coups（1959‖フランス映画‖100分）**●9/30 シャンテ・シネ2**
監督：フランソワ・トリュフォー／出演：ジャン=ピエール・レオー、アルベール・レミー
『シャルロットとジュール』 Charlotte et son Jules（1958‖フランス映画‖14分）**●9/30 シャンテ・シネ2**
監督：ジャン=リュック・ゴダール／出演：ジャン=ポール・ベルモンド、アンヌ・コレット
『まわり道』 Falsche bewegung（1975‖ドイツ映画‖104分）**●10/7 有楽シネマ**
監督：ヴィム・ヴェンダース／出演：リュディガー・フォーグラー、ハンス・クリスチャン・ブレッヒ
『さすらい』 Im lauf der zeit（1976‖ドイツ映画‖176分）**●11/3 有楽シネマ**
監督：ヴィム・ヴェンダース／出演：リュディガー・フォーグラー、ハンス・ツィッシュラー
『恋恋風塵』 Dust in the wind（1987‖台湾映画‖110分）**●11/3 シャンテ・シネ2**
監督：ホウ・シャオシエン／出演：ワン・ジンウエン、シン・シューフェン
『ミステリー・トレイン』 Mystery train（1989‖アメリカ映画‖111分）**●12/23 シャンテ・シネ2**
監督：ジム・ジャームッシュ／出演：工藤夕貴、永瀬正敏

1990

『霧の中の風景』 Topio stin omichli（1988‖ギリシャ・フランス合作映画‖125分）**●3/24 シャンテ・シネ2**
監督：テオ・アンゲロプロス／出演：ミカリス・ゼーケ、タニア・パライオログウ
『悲情城市』 A city of sadness（1989‖台湾映画‖159分）**●4/28 シャンテ・シネ2**
監督：ホウ・シャオシエン／出演：リー・ティエンルー、チョン・ソンヨン

1991

『黄金の馬車』 Le carrosse d'or（1953‖フランス・イタリア合作映画‖103分）**●1/26 シャンテ・シネ2**
監督：ジャン・ルノワール／出演：アンナ・マニャーニ、オドアルド・スパダーロ
『冬冬《トントン》の夏休み』 A summer at grandpa's（1984‖台湾映画‖98分）**●8/25 シャンテ・シネ2**
監督：ホウ・シャオシエン／出演：ワン・チークァン、リー・ジュジェン
『コントラクト・キラー』 I hired a contract killer（1990‖フィンランド・スウェーデン合作映画‖80分）**●3/9 シャンテ・シネ2**
監督：アキ・カウリスマキ／出演：ジャン=ピエール・レオーマージ・クラーク
『コーヒー&シガレット2』（メンフィス・ヴァージョン）Coffee and cigarettes（memphis version）（1989‖アメリカ映画‖8分）**●3/9 シャンテ・シネ2**
監督：ジム・ジャームッシュ／出演：サンキ・リー、ジョワ・リー
『英国式庭園殺人事件』 The draughtsman's contract（1982‖イギリス映画‖108分）**●4/27 シャンテ・シネ2**
監督：ピーター・グリーナウェイ／出演：アンソニー・ヒギンズ、ジャネット・スーズマン
『エンジェル・アット・マイ・テーブル』 An angel at my table（1990‖ニュージーランド映画‖158分）**●7/27 シャンテ・シネ2**
監督：ジェーン・カンピオン／出演：ケリー・フォックス、アレクシア・キオーグ
『冬の旅』 Sans toit ni loi（1985‖フランス映画‖106分）**●11/2 シャンテ・シネ2**
監督：アニエス・ヴァルダ／出演：サンドリーヌ・ボネール、マーシャ・メリル
『トト・ザ・ヒーロー』 Toto le heros（1991‖ベルギー・フランス・ドイツ合作映画‖92分）**● シャンテ・シネ2**
監督：ジャコ・ヴァン・ドルマル／出演：ミシェル・ブーケ、ジョー・ドゥ・バケール

『**エル・スール**』El sur（1983‖スペイン・フランス合作映画‖155分）**●10/12 シネ・ヴィヴァン・六本木**
監督：ビクトル・エリセ／出演：オメロ・アントヌッティ、ソンソレス・アラングレーン
『**田舎の日曜日**』Un dimanche a la campagne（1984‖フランス映画‖155分）**●11/2 スバル座**
監督：ベルトラン・タヴェルニエ／出演：ルイ・デュクルー、サビーヌ・アゼマ
『**霧の波止場**』Le quai des brumes（1938‖フランス映画‖151分）**●12/28 スバル座**
監督：マルセル・カルネ／出演：ジャン・ギャバン、ミシェル・モルガン

1986

『**シテール島への船出**』Taxidi sta kithira（1984‖ギリシャ映画‖140分）**●2/8 シネ・ヴィヴァン・六本木**
監督：テオ・アンゲロプロス／出演：マノス・カトラキス、ドーラ・ヴァラナキ
『**やさしい女**』Une femme douce（1969‖フランス映画‖89分）**●3/29 スバル座**
監督：ロベール・ブレッソン／出演：ドミニク・サンダ、ギイ・フランジャン
『**ストレンジャー・ザン・パラダイス**』Stranger than paradise（1984‖アメリカ・西ドイツ合作映画‖90分）**●4/19 スバル座**
監督：ジム・ジャームッシュ／出演：ジョン・ルーリー、エスター・バリント
『**真夜中のジャズ**』Jazz on a summer's day（1959‖アメリカ映画‖82分）**●5/24 日比谷映画**
監督：バート・スターン／出演：セロニアス・モンク・トリオ、アニータ・オデイ
『**パーマネント・バケーション**』Permanent vacation（1980‖アメリカ映画‖75分）**●7/18 シネ・ヴィヴァン・六本木**
監督：ジム・ジャームッシュ／出演：クリス・パーカー、リーラ・ガスティル
『**オーソン・ウェルズのフォルスタッフ**』Falstaff（chimes midnight）（1966‖スペイン・スイス合作映画‖116分）**●10/10 シネ・ヴィヴァン・六本木**
監督：オーソン・ウェルズ／出演：オーソン・ウェルズ、キースバクスター
『**ダウン・バイ・ロー**』Down by law（1986‖アメリカ・西ドイツ合作映画‖107分）**●11/22 スバル座**
監督：ジム・ジャームッシュ／出演：トム・ウェイツ、ジョン・ルーリー
『**ラルジャン**』L'argent（1983‖フランス・スイス合作映画‖85分）**●11/29 シネ・ヴィヴァン・六本木**
監督：ロベール・ブレッソン／出演クリスチャン・パティ、カロリーヌ・ラング

1987

『**サクリファイス**』Offret/Sacrificatio（1986‖スウェーデン・フランス合作映画‖149分）**●4/25 スバル座**
監督：アンドレイ・タルコフスキー／出演：エルランド・ヨセフソン、スーザン・フリートウッド
『**アメリカの友人**』Der amerikanische freund（1977‖西ドイツ・フランス合作映画‖126分）**●6/27 スバル座**
監督：ヴィム・ヴェンダース／出演：デニス・ホッパー、ブルーノ・ガンツ
『**グッドモーニング・バビロン！**』Good morning babilonia（1987‖イタリア・フランス・アメリカ合作映画‖118分）**●10/9 シャンテ・シネ1**
監督：パオロ&ヴィットリオ・タヴィアーニ／出演：ヴィンセント・スパーノ、ジョアキム・デ・アルメイダ
『**エリア・カザンの肖像**』Elia Kazan an outsider（1982‖フランス映画‖56分）**●10/9 シャンテ・シネ2**
監督：アニー・トレスゴ／出演：エリア・カザン、ロバート・デニーロ
『**ロビンソナーダ**』Robinzoniada anu chemi ingliseli papa（1986‖グルジア映画‖73分）**●12/26 シャンテ・シネ2**
監督：ナナ・ジョルジャーゼ／出演：ジャンリ・ロラシヴィリ、ニネリ・チャンクヴェターゼ
『**ソポトへの旅**』Mogzauroba sopotshi（1980‖グルジア映画‖28分）**●12/26 シャンテ・シネ2**
監督：ナナ・ジョルジャーゼ／出演：ギオルギ・ダディアニ、オマール・グヴァサリア

1988

『**メロ**』Melo（1986‖フランス映画‖110分）**●1/23 シャンテ・シネ1**
監督：アラン・レネ／出演：サビーヌ・アゼマ、ファニー・アルダン
『**スイート・スイート・ビレッジ**』Vesnicko ma strediskova（1985‖チェコ映画‖102分）**●4/9 シャンテ・シネ1**
監督：イジー・メンツェル／出演：ヤーノシュ・バーン、マリアン・ラブダ
『**ベルリン・天使の詩**』Der himmel uber berlin（1987‖西ドイツ・フランス合作映画‖128分）**●4/23 シャンテ・シネ2**
監督：ヴィム・ヴェンダース／出演：ブルーノ・ガンツ、ソルヴェイグ・ドマルタン
『**都会のアリス**』Alice in den stadten（1974‖ドイツ映画‖112分）**●11/19 シャンテ・シネ2**
監督：ヴィム・ヴェンダース／出演：リュディガー・フォーグラー、イエラ・ロットレンダー
『**マイライフ・アズ・ア・ドッグ**』Mitt liv som hund（1985‖スウェーデン映画‖102分）**●12/24 シャンテ・シネ2**
監督：ラッセ・ハルストレム／出演：アントン・グランセリウス、メリンダ・キンナマン

『エボリ』 Cristo si e Fermato a Eboli（1979‖イタリア・フランス合作映画‖151分）**●3/12 スバル座**
監督：フランチェスコ・ロージ／出演：ジャン・マリア・ヴォロンテ、イレーネ・パパス
『気狂いピエロ』 Pierrot le fou（1965‖フランス・イタリア合作映画‖109分）**●4/2 有楽シネマ**
監督：ジャン=リュック・ゴダール／出演：ジャン=ポール・ベルモンド、アンナ・カリーナ
『彼女について私が知っている二、三の事柄』 2 ou 3 choses que je sais d'elle（1966‖フランス映画‖87分）**●5/28 有楽シネマ**
監督：ジャン=リュック・ゴダール／出演：マリナ・ヴラディ、アニー・デュペレイ
『去年マリエンバートで』 L'annee derniere a marienbad（1961‖フランス・イタリア合作映画‖94分）**●7/2 スバル座**
監督：アラン・レネ／出演：デルフィーヌ・セイリグ、ジョルジョ・アルベルタッツィ
『二十四時間の情事』 Hiroshima mon amour（1959‖フランス・日本合作映画‖91分）**●7/2 スバル座**
監督：アラン・レネ／出演：エマニュエル・リヴァ、岡田英次
『8 1/2』 Otto e mezzo（1963‖イタリア・フランス合作映画‖139分）**●11/19 ニュー東宝シネマ2**
監督：フェデリコ・フェリーニ／出演：マルチェロ・マストロヤンニ、アヌーク・エーメ
『パッション』 Passion（1982‖スイス・フランス合作映画‖88分）**●11/19 シネ・ヴィヴァン・六本木**
監督：ジャン=リュック・ゴダール／出演：イザベル・ユペール、ハンナ・シグラ
『ディーバ』 Diva（1981‖フランス映画‖118分）**●11/23 スバル座**
監督：ジャン=ジャック・ベネックス／出演：ウィルヘルメニア・ウィギンズ・フェルナンデス、フレデリック・アンドレイ

1984

『ノスタルジア』 Nostalghia（1983‖イタリア映画‖126分）**●3/31 シネ・ヴィヴァン・六本木**
監督：アンドレイ・タルコフスキー／出演：オレーグ・ヤンコフスキー、エルランド・ヨセフソン
『カルメンという名の女』 Pernom Carmen（1983‖フランス映画‖85分）**●6/23 シネ・ヴィヴァン・六本木**
監督：ジャン=リュック・ゴダール／出演：マルーシュカ・デートメルス、ジャック・ボナフェ
『フレディ・ビュアシュへの手紙』 Lettre a Freddy Buache（1981‖スイス映画‖12分）**●6/23 シネ・ヴィヴァン・六本木**
監督：ジャン=リュック・ゴダール
『アンダルシアの犬』 Un chien andalou（1928‖フランス映画‖17分）**●7/28 三百人劇場**
監督：ルイス・ブニュエル／出演：シモーヌ・マルイユ、ピエールバチェフ
『銀河』 La voie lactee（1968‖フランス・イタリア合作映画‖102分）**●7/28 三百人劇場**
監督：ルイス・ブニュエル／出演：ポール・フランクール、ローラン・テルジェフ
『ブルジョワジーの密かな愉しみ』 Le charme discret de la bourgeoisie（1972‖フランス映画‖102分）**●8/25 有楽シネマ**
監督：ルイス・ブニュエル／出演：フェルナンド・レイ、ポール・フランクール
『自由の幻想』 Le fantome de la liberte（1974‖フランス映画‖104分）**●10/31 有楽シネマ**
監督：ルイス・ブニュエル／出演：モニカ・ヴィッティ、ジャン=クロード・ブリアリ
『欲望のあいまいな対象』 Cet obscur objet du desir（1977‖フランス・スペイン合作映画‖104分）**●11/3 スバル座**
監督：ルイス・ブニュエル／出演：フェルナンド・レイ、キャロル・ブーケ
『哀しみのトリスターナ』 Tristana（1969‖西ドイツ・イタリア・フランス合作映画‖100分）**●12/8 有楽シネマ**
監督：ルイス・ブニュエル／出演：カトリーヌ・ドヌーヴ、フェルナンド・レイ
『小間使の日記』 Le journal d'une femme de chambre（1963‖フランス・イタリア合作映画‖98分）**●12/8 有楽シネマ**
監督：ルイス・ブニュエル／出演：ジャンヌ・モロー、ミシェル・ピコリ

1985

『路』 Yol（1982‖トルコ・スイス合作映画‖115分）**●2/2 スバル座**
監督：ユルマズ・ギュネイ／出演：タルック・アカン、シェリフ・セゼル
『ミツバチのささやき』 El espiritu de la colmena（1973‖スペイン映画‖99分）**●2/9 シネ・ヴィヴァン・六本木**
監督：ビクトル・エリセ／出演：アナ・トレント、イザベル・テリェリア
『愛の記念に』 A nos amours（1983‖フランス映画‖100分）**●5/3 スバル座**
監督：モーリス・ピアラ／出演：サンドリーヌ・ボネール、ドミニク・ベネアール
『海辺のポーリーヌ』 Pauline a la plage（1983‖フランス映画‖95分）**●6/22 スバル座**
監督：エリック・ロメール／出演：アマンダ・ラングレ、アリエル・ドンバール
『カオス・シチリア物語』 Kaos（1984‖イタリア映画‖187分）**●8/10 シネ・ヴィヴァン・六本木**
監督：パオロ&ヴィットリオ・タヴィアーニ／出演：マルガリータ・ロサーノ、クラウディオ・ロサーノ
『パリ、テキサス』 Paris,Texas（1984‖西ドイツ・フランス合作映画‖146分）**●9/7 みゆき座**
監督：ヴィム・ヴェンダース／出演：ハリー・ディーン・スタントン、ナスターシャ・キンスキー

『暗殺のオペラ』 Strategia del ragno（1970‖フランス映画‖99分）●**8/4 三百人劇場**
監督：ベルナルド・ベルトルッチ／出演：ジュリオ・ブロージ、アリダ・ヴァリ
『旅芸人の記録』 O thiassos（1975‖ギリシャ映画‖232分）●**8/11 岩波ホール**
監督：テオ・アンゲロプロス／出演：エヴァ・コタマニドゥ、ペトロス・ザルカディス
『荒武者キートン』 Our hospitality（1923‖アメリカ映画‖70分）●**12/22 有楽シネマ**
監督：バスター・キートン、ジャック・G・ブライストン／出演：バスター・キートン、ナタリー・タルマッジ

1980

『マリア・ブラウンの結婚』 Die ehe der maria braun（1979‖西ドイツ映画‖120分）●**2/2 ニュー東宝シネマ2**
監督：ライナー・ヴェルナー・ファスビンダー／出演：ハンナ・シグラ、クラウス・レーヴィッチュ
『オーケストラ・リハーサル』 Prova d'orchestra（1979‖イタリア・西ドイツ合作映画‖72分）●**8/2 三百人劇場**
監督：フェデリコ・フェリーニ／出演：ボールドウィン・バース、クララ・コロシーモ
『魔術師フェリーニ』 Fellini, wizard of rome（1976‖アメリカ映画‖49分）●**8/2 三百人劇場**
監督：ロジャー・エールス／出演：フェデリコ・フェリーニ、マルチェロ・マストロヤンニ
『彼女と彼たち －なぜ、いけないの－』 Pourquoi pas!（1977‖フランス映画‖97分）●**11/22 ニュー東宝シネマ1**
監督：コリーヌ・セロー／出演：サミー・フレイ、クリスチーヌ・ミュリロ
『カサノバ』 Il Casanova di Federico Fellini（1976‖イタリア映画‖154分）●**12/13 スバル座**
監督：フェデリコ・フェリーニ／出演：ドナルド・サザーランド、マルガレート・クレマンティ

1981

『天井桟敷の人々』 Les enfants du paradis（1945‖フランス映画‖186分）●**2/14 スバル座**
監督：マルセル・カルネ／出演：アルレッティ、ジャン＝ルイ・バロー
『ブリキの太鼓』 Die Blechtrommel（1979‖西ドイツ・フランス合作映画‖142分）●**4/18 スバル座**
監督：フォルカー・シュレンドルフ／出演：ダーヴィット・ベネント、マリオ・アドルフ
『また、ひと冬…』 Encore un hiver（1975‖フランス映画‖12分）●**5/16 静岡ミラノ座**
監督：フランソワーズ・サガン／出演：ジャン・バルネイ、アリス・レイシェン
『皆殺しの天使』 El angel exterminador（1962‖メキシコ映画‖95分）●**8/1 三百人劇場**
監督：ルイス・ブニュエル／出演：シルビア・ピナル、エンリケ・ランバル
『ビリディアナ』 Viridiana（1961‖スペイン映画‖91分）●**8/1 三百人劇場**
監督：ルイス・ブニュエル／出演：シルビア・ピナル、フランシスコ・ラバル
『女の都』 La citta delle donne（1980‖イタリア・フランス合作映画‖139分）●**12/19 スバル座**
監督：フェデリコ・フェリーニ／出演：マルチェロ・マストロヤンニ、アンナ・プルクナル

1982

『アレクサンダー大王』（1980‖ギリシャ・イタリア・西ドイツ合作映画‖208分）●**3/20 岩波ホール**
監督：テオ・アンゲロプロス／出演：オメロ・アントヌッティ、エヴァ・コタマニドゥ
『フェリーニの都』 Appunti su《La citta delle donne》di Federico Fellini（1980‖イタリア映画‖58分）●**4/5 イメージ・フォーラム**
監督：フェルッキオ・カストロヌオーヴォ／出演：フェデリコ・フェリーニ、マルチェロ・マストロヤンニ
『父パードレ・パドローネ』 Padre padrone（1977‖イタリア映画‖113分）●**7/31 三百人劇場**
監督：パオロ＆ヴィットリオ・タヴィアーニ／出演：オメロ・アントヌッティ、サヴェリオ・マルコーニ
『ゲームの規則』 La regle du jeu（1939‖フランス映画‖106分）●**9/25 岩波ホール**
監督：ジャン・ルノワール／出演：マルセル・ダリオ、ノラ・グレゴール
『1900年』 Novecento（1976‖イタリア・フランス・西ドイツ合作映画‖316分）●**10/23 スバル座**
監督：ベルナルド・ベルトルッチ／出演：バート・ランカスター、ロモロ・ヴァッリ

1983

『サン★ロレンツォの夜』 La notte di san Lorenzo（1982‖イタリア映画‖107分）●**2/11 ニュー東宝シネマ2**
監督：パオロ＆ヴィットリオ・タヴィアーニ／出演：オメロ・アントヌッティ、マルガリータ・ロサーノ
『抵抗』 Un condamne a mort s'est echappe ou le vent souffle ou il veut（1956‖フランス映画‖100分）●**2/11 有楽シネマ**
監督：ロベール・ブレッソン／出演：フランソワ・ルテリエ、シャルル・ル・クランシュ

フランス映画社BOWシリーズ公開全作品目録 1976-2006

1976

『恐るべき子供たち』 Les enfants terribles（1949‖フランス映画‖105分）**●8/14 三百人劇場**
　監督：ジャン=ピエール・メルヴィル／原作・台詞：ジャン・コクトー／出演：ニコール・ステファーヌ、エドワール・デルミット

『新学期・操行ゼロ』 Zero de conduite（1933‖フランス映画‖45分）**●8/14 三百人劇場**
　監督：ジャン・ビゴ／出演：ルイ・ルフェーブル、ジルベール・プリュション

『大いなる幻影』（完全版） La grande illusion（1937‖フランス映画‖115分）**●10/23 岩波ホール**
　監督：ジャン・ルノワール／出演：ジャン・ギャバン、エリッヒ・フォン・シュトロハイム

1977

『素晴らしき放浪者』 Boudu sauve des eaux（1932‖フランス映画‖84分）**●3/26 岩波ホール**
　監督：ジャン・ルノワール／出演：ミシェル・シモン、シャルル・グランヴァル

『ピクニック』 Une partie de champagne（1936‖フランス映画‖40分）**●3/26 岩波ホール**
　監督：ジャン・ルノワール／出演：シルヴィア・バタイユ、ジョルジュ・ダルヌー

『密告の砦』 Szegenylegenyek（1965‖ハンガリー映画‖94分）**●6/25 岩波ホール**
　監督：ミクローシュ・ヤンチョー／出演：ヤーノシュ・ゲルベ、ティボル・モルナール

『鬼火』 Le feu follet（1963‖フランス映画‖108分）**●8/6 三百人劇場**
　監督：ルイ・マル／出演：モーリス・ロネ、レナ・スケルラ

『糧なき土地』 Las hurdes（1933‖スペイン映画‖29分）**●11/19 岩波ホール**
　監督：ルイス・ブニュエル／朗読：アベル・ジャカン

1978

『白夜』 Quatre nuits d'un reveur（1971‖フランス・イタリア合作映画‖83分）**●2/25 岩波ホール**
　監督：ロベール・ブレッソン／出演：イザベル・ヴェンガルテン、ギヨーム・デ・フォレ

『ヒア&ゼア・こことよそ』 Ici et ailleurs（1970～1975‖フランス映画‖55分）**●7/22 三百人劇場**
　監督：ジャン=リュック・ゴダール、マリ・ミエヴィル

『勝手にしやがれ』 A bout de souffle（1960‖フランス映画‖89分）**●7/22 三百人劇場**
　監督：ジャン=リュック・ゴダール／出演：ジャン=ポール・ベルモンド、ジーン・セバーグ

『オーソン・ウェルズのフェイク』 F for fake（1975‖イラン・フランス・ドイツ合作映画‖89分）**●8/14 西武劇場**
　監督：オーソン・ウェルズ/出演：オーソン・ウェルズ、エルミア・デ・ホーリー

『ワン・プラス・ワン』 One plus one（1968‖イギリス映画‖101分）**●11/1 イメージ・フォーラム**
　監督：ジャン=リュック・ゴダール／出演：ミック・ジャガー、ブライアン・ジョーンズ

『家族の肖像』 Gruppo di famiglia in un interno（1974‖イタリア・フランス合作映画‖121分）**●11/25 岩波ホール**
　監督：ルキノ・ヴィスコンティ／出演：バート・ランカスター、シルヴァーナ・マンガーノ

1979

『歌う女・歌わない女』 L'une chante, l'autre pas（1977‖フランス・ベルギー合作映画‖107分）**●1/27 ニュー東宝シネマ2**
　監督：アニエス・ヴァルダ／出演：テレーズ・リオタール、ヴァレリー・メレッス

『奇跡』 Ordet（1955‖デンマーク映画‖126分）**●2/10 岩波ホール**
　監督：カール・テホ・ドライヤー／出演：ヘンクリ・マルベルイ、エミル・ハス・クリステンセン

『木靴の樹』 L'albero degli zoccoli（1978‖イタリア映画‖187分）**●4/28 岩波ホール**
　監督：エルマンノ・オルミ／出演：ルイジ・オルナーギ、フランチェスカ・モリッジ

24時の幸福

藤波透子

――みなさん、ご存じのこととは思いますが、あと24時間で人類は滅亡します。

センセイが悲痛な面持ちでそう言ったとき、あたし――サナは泣いたりしなかった。みんなが肩を寄せ合うようにして集まっては、鼻をすすったり、自暴自棄になって教室の物を蹴飛ばしていることなんて、どうでもよかったから。だって、あたしたち人類の最後の日のバックミュージックが、こんなしみったれた汚い音楽だなんて、思いたくないじゃない。だからあたしは、ただ窓の外を見て、今日も青い空の色を少しでも目に焼き付けようとしていた。

あたしの目にシャッター機能があったらいいのに。世界の一番うつくしい瞬間を切り取って、ガラスの写真立てに入れておく。そうして、あたしたちが死んでしまって、誰も居なくなったこの場所に、瞬間という永遠を飾っておきたい。あたしが消えてなくなってもいい。だけど、あたしの目が映したこの世界のことは、守りたい。あたしはそう思う。

今日で人類は滅亡する。全ての自然、全ての建造物、全ての人間以外の生き物たちをのこして。人類だけ、跡形もなくこの世界から消えてなくなる。細かい理由はあたしには分からないけど、ただ、あたしたちはもう古ぼけてしまったのだと、偉い人達はいっていた。新しい人類は、肉体を捨て、永遠に朽ちることのない新たな身体を手に入れて、この地球から飛び立ち、別惑星（名を惑星１５６２号、だって）へ移住した。彼らはノア、という名前の箱船で惑星１５６２号に旅立った。ノアは宇宙船という言葉に相応しい、機械的で無駄のないデザインで、あたしはげんなりした。その姿を見たのは一度だけだったけれど、とてもうつくしいとは言い難い――はっきりいってしまえば、ダサいフォルムの船だったから。要らない装飾を削ぎ落とし、機能だけを追求したそれは、あたしには棺桶に見えてしょうがなかった。死ぬのはあたし達だけど、むしろ死んでいくのは彼らのように思えた。

彼らがいうには、あたし達のような古ぼけた人類は、もう何の役にも立たないから、捨ててしまうんだって。肉体は不潔だ、と口をそろえて彼らは言いっていた。彼らには生殖器はなく（なぜなら永遠に生き続けるから、子孫を残す必要がない）、このまま新しい世界で、永久に快適な生活をするそう。

馬鹿なんじゃないのかな。なんだよ、永久に快適な生活って。

そんなの、やっぱり死んでるのと同じように思えるのは、あたしが旧人類だからなんでしょうか。

新人類は、お金のある旧人類のなれの果て――あたしはあえて〝なれの果て〟という言葉を使おうと思う――だ。政府が秘密裏に開発し続けていた〝永遠の命〟の研究が完成し、それに伴って、新人類移住計画が動き始めた。お金のある旧人類は手術を受け、新人類となり、同じように政府が長年探し続け、見つけ出した惑星１５６２号に移住することになった。惑星１５６２号はとてもクリーンで、新人類が一番住みやすい惑星らしい。

新人類にならなかった旧人類の大人はみんな、どこかに連れ去られてしまった。あたしのパパもママも、おじさんもおばさんも、みんな。隠れていた大人も、みんな秘密警察に連れられて、どこかへ行った。どこにいったのかは、分からない。車も電車も飛行機も自転車も船も、全部没収されたあたしたちに残る移動手段はこの手足だけで、あたしたちの手足じゃ、あらゆる乗り物を駆使して連れ去られた大人達の行方を追うことはできなかった。あたしたち子どもは毎日学校に通うことが義務付けられて、厳しく監視されていた。脱走は許されなかったし、彼らの目をかいくぐって抜け出した子どもたちもいたけれど、結局は捕まり、記憶を操作され、性格を改ざんされ、生きているだけのお人形さんのようになって、またこの場所に帰って来た。

藤波透子（ふじなみ・とうこ）

1995年、埼玉県生まれ。双子座のO型。幼少期のほとんどを岩手県で過ごす。2015年上京し、現在大学在学中。

大人達が何処に連れて行かれたのかは分からないけど、どんなことをさせられているかは、なんとなく、本当になんとなくだけど、あたしには分かる。あたしたちが今こうして生かされているのも、きっと碌でもないことに、何らかの形で使われているんでしょう。あたし達の姿を時々、映像として残している政府の人間が居たから。映像を何処に送ってるのか、なんて聞かなくても分かる。あたしたちはきっと、人質。大人達が、大人達に与えられたミッションから逃げないための、人質。本当に、碌でもない。この世界がこんなに碌でもなくなったのはいつからだろう。永遠の命の研究が完成してから？　移住計画が進行してから？——いや、違う。もっと前から、ずうっと前から、この世界はとんでもなく碌でもなくて、とっくに壊れてしまっていた。

「この残りの24時間、あなたたちを解放します。好きな場所に行き、好きな物をたべ、好きな人と一緒に過ごし、好きな時間を過ごして下さい。乗り物類の使用を許可します。この24時間だけは、あなたがたの〝いつも通りの生活〟を送ることを許可します。すべての飲食店、娯楽施設、そのほかの施設はロボットが整備し対応しますので、いつも通り使用することが可能です。皆さん、24時間の幸福を下さった新人類に感謝しましょう。それでは、よい時間を。さようなら」

朗らかに微笑んだまま、センセイが動かなくなった。電池が切れたんだと思う。教室にいた子どもたちは次々に外へ出て行った。しばらく校内がざわついていたけれど、それも数時間経つと止んで、教室にはあたしと、電池のなくなったセンセイと、隣の席の花生だけ。

「ねえ紗奈」

此方に顔を向けた瞬間、花生の、瞳の半分を覆ってしまうほどの長く真っ黒い前髪がさらりと重力に従って流れる。

「何」

あたしが返事をすると「この後、どうする？」と花生がいう。

「とくにきまってない」

「そう」

花生は立ち上がって、センセイだったものに近づくと、思い切り蹴飛ばした。がしゃん、という音を立ててセンセイが床に転がる。首と胴体が分離していて、気味が悪い姿になってしまったセンセイを見、あたしが「やめなよ」と咎めると、花生は「よくいう」と呆れたように笑った。

「何が？」

「顔、にやけてる」

「嘘」

「本当」

あたしは自分の頬を両の手のひらで押さえると、小さく円をかくようにほぐす。

花生がセンセイの首のあたりから小さなメモリーカードみたいなものを引き抜くと、先生の胴体にある大きな扉を叩いて開ける。すると、中からカメラが出て来て、あたしは目を丸くした。

「うわ、あの撮影用カメラ、こんなとこに仕込んでたんだ」

「……ロボットなんだから録画機能くらい持っとけよ、って思ってたけどね。まあそのおかげでカメラを手に入れられたわけだし、よしとする」

ボタンを押して、起動するかどうか確認すると、花生はあたしに一眼レフを渡した。

「え」

「あげる」

「誕生日プレゼント」

「今日じゃないよ」

「この先一生分ってことで」

この先。あたしは心の中で反芻してみる。この先。あたしたちに当然あったはずの、未来。

「……花生は、まるでこれからも生き続けるみたいな言い方するね」

あたしはもらった一眼レフのファインダーを覗いてみる。ファインダー越しに、此方を見ている花生が映る。花生は綺麗だ。冗談を抜きにして、あたしは女優さんくらい、綺麗だと思う。すっととおった鼻筋も、黒水晶みたいにきらきらひかる瞳も、どこか見ていて切なくなる表情も、魅力的だ。そういっても、きっと、花生は否定するだろうけど。

「死んでたまるかって思うけど、まあ、死ぬんだろうな」

花生が窓の外に目を向ける。青、としか形容したくないくらい透き通った空。目にはえる緑をした桜の葉。タマゴの黄身と白身を混ぜて薄めたような日の光。

そのすべてが、たった14年しか生きてないあたしの中に息づく夏の表情と同じだった。蟬の声が聞こえるにはまだ少し早い、駆けだしたばかりの夏。こんなに何も変わらないのに、あたしたちは今日滅びる。この地球から、人類は皆姿を消して、花生もあたしも、跡形もなくなる。みんな最初から居なかったみたいに、この世界から削除される。人間、と言う生き物が皆、誰も名前を知らない透明な存在になる。窓の外にレンズを向けると、ひらひらとモンシロチョウがフレームインしてくる。あたしは思わずシャッターを切った。カシャン。

「死ぬんだね」

「うん、死ぬよ」

花生が微笑む。あたしは、くそったれ、と呟く気にもなれなくて、ただ小さなモニターに映る、さっき撮ったモンシロチョウがぶれているのを見つめていた。花生はあたしの手元を覗いて、写真を見ると「下手くそ」と顔を顰めた。そしてそのまま、教室の外へ歩いて行く。

「行くよ」

「どこに」

「どこかに」

「不安だなあ」

「思って無いくせに」

「まあね」

肩をすくめると、あたしは花生に続いて歩き出した。花生はあくびを零しながら、のんびりと廊下を歩いて行く。

◇

行きたいところに行って良いと言われても、あたしたちの少ない思い出の中に、これといって浮かぶ場所はなくて、帰ってきたのは自分の家だった。

あたしの家のフローリングにはうっすらと埃が積もっていて、でも思ったより綺麗で動揺してしまった。ママが気に入って使っていた食器はすべて棚に綺麗にしまわれていたし、パパが週末欠かさずこいでいたロードバイクはちゃんと動いた。確かに、ママやパパが連れて行かれて、あたしが寮に入った日から月日は経っていったのに。この場所の時間はあの時のまま、ひっそり眠りについているように思った。それがなんだか少しだけ嬉しくて、救われた気持ちになる。

靴のままでいいといったのに、花生は玄関できちんと靴を脱ぐと、スクールバックの中からスリッパを二組ぶんとりだして「お邪魔します」と言って中に入った。普段の花生からは想像できない礼儀正しさにあたしが目を丸くしていると、察したのか、花生はあたしに中指を立てる。やっぱりこの子、下品だ。

あたしは家じゅうの窓を開けると、淀んでいた空気を入れ換える。何ヶ月と蓄積していた家の中の空気が、外の空気と混ざって、とろけていく。少しずつ薄くなるこの家の匂いに、あたしは少しだけ感傷的な気持ちになった。目を瞑ると、ママやパパとの日常の切れ端が、スライドショーみたいに頭の中を流れていく。それを形にするように、カシャ、カシャ、と花生からもらったカメラで写真を撮っていると、花生があたしの手からカメラを取った。

「なにするの」

「私が撮ってあげるよ、あんたを」

「いいよ、別に」

「あんたや、あんたのママや、パパ、この空間と、時間を、撮るの」

そう言うと、花生がカメラを回す。あたしはしばらくカメラを構えた花生を見ていたけれど、花生はただあたしと、この家の中を映していた。あたしは花生がずっと撮るのをやめないだろうということを感じて、あたしはあたしで、好きにすることにした。花生が映したこの時間を見てみたい気がしたし、あたしが此処に生きていたこと、ママやパパ、そのすべて——あたしの物語を、花生に撮って欲しかった。

あたしはママが引き出しに大切にしまっていたお気に入りのハンカチや、リップ、香水、パパが気に入って使っていた万年筆なんかを自分の部屋に持ち込んだ。新しいバスタオルをベッドに敷いて、そこにママとパパのお気に入りのもの並べて、あたしの好きだった物も、いろんな場所から見つけてはバスタオルの上に置いた。こうしてみると、あたしもパパも、それからママも、大切にしていたものがたくさんあったように思う。あたしは、あたしが小さい頃に死んじゃったひいおばあちゃんがくれた思い出のぬいぐるみを腕に抱えて、ママが大切にしていた、小さいダイヤモンドがひとつだけついた指輪を眺めた。

「花生」

「ん？」

花生は、ちょうど部屋が全部移る場所にカメラを置くと、あたしの側に座った。

「この指輪さ、ママが20歳になったあたしとおそろいで付けるために持ってた指輪なんだって」

「ふうん」

「これ、花生にひとつあげるよ」

あたしが差し出すと、花生はしばらく受け取らず、じっとあたしの顔を見つめていた。

「いいの」

「いいよ。六年分の誕生日プレゼント」

そう言うと、花生が少しだけ笑った。

「ありがとう」

花生はあたしの手に乗った指輪をひとつ受け取ると、「こういうのって、やっぱり薬指にはめるべき?」と言う。「好きにしたら」とあたしは笑って、自分の薬指にはめた。

◇

ベッドのシーツを代えて、あたしの部屋だけ少しだけ掃除をした。花生が今日はここで寝たい、といったからだ。花生の家じゃなくていいの、と聞いたら、花生は「うちは無理かも」とだけいって、それきり何も言わなくなった。あたしは花生が何かを隠していることがすぐに分かったけれど、追求する気にはなれなかった。花生にも花生の考えがあって、世界があるのだから、無理に踏み込む必要はない。花生はあたしの家にちゃんとスリッパで「お邪魔します」といって入ってくれる子なのだ。あたしも、当然そうしてしかるべきだろう。

「聞かないの」

ふいに、花生があたしに問いかけた。あたしはすぐに、花生の家のことだとわかったから、「花生がいいたくないなら」とだけ答える。

「言いたくないわけじゃ無いよ。ただ、あそこをどうにかして、今日の寝床にするのは無理だろうってことなんだ。私も実際に確認してないし、どうなったかは分からない」

花生はそう言って、薬指でひかる指輪を右手の親指と人差し指をつかってそっと回した。迷っているみたいだった。

「ねえ、紗奈。あんた、この家に帰ってきて、よかった?」

花生の夜みたいな目があたしを映す。カメラのレンズよりもまっすぐに。怖いくらいに、あたしを見る。長い沈黙があたしと花生の間を這った。

「……あたしは、よかったよ」

あたしはそう言うと、花生の左手をにぎった。「行こう」。言葉はそれだけだった。座っていた花生は立ち上がって、あたしの手を引いて走り始める。あたしは咄嗟に、かばんに入れた一眼レフとくまちゃんを持って、彼女に付いていった。

時刻は16:00。あたしたちの時間は、残り四分の三。

◇

「まあ、こうだろうとは思ってたんだ」

花生に、掛ける言葉が見つからなかった。花生の家があった場所——そこには、何も無かった。ただ、さらさらとした砂があるだけ。砂時計の中に入っているやつみたいにさらさらとした、うつくしい砂があるだけ。あたしは座り込んで、そっと砂をすくった。指の隙間から、夕焼けに照らされてレモンティー色になった砂がこぼれていく。

「この砂浜をずうっと歩くと海に行ける……私の家族がつれていかれたあと、私やあんたが寮に入れられてすぐ、政府がやった実験でこの土地の地形が変わって……砂浜にこの辺の建物が全部飲み込まれた」

「……知らなかった」

「だろうね。あたしも知ったのは最近。計画がもうほぼ終わったから、取り締りが緩くなってきて、やっと情報が出回ってきて……それから知ったんだ」

花生はあたしの隣に座ると、膝にくまちゃんを乗せて、砂に字を書く。秘密警察。じんるい。花生。紗奈。そして、くまちゃんの絵。

「寮に行かなかったら、って思うんだ。まあ結局連行されてただろうけどさ。もし寮に行かなかったら、あたしはこの場所で砂と一緒に、思い出の場所で死ねたんだろうって、たまに考えるの。別に死にたかったとかじゃないし、今も死にたいわけじゃない。でも、母さんと父さんが連れて行かれたときから、多分いつかこの世界で死ぬんだろうってことは分かってたし、死ぬまでの時間を無為に生きるくらいなら、砂と共に埋まった方がよかったんじゃないかって思うときもある」

「花生」

あたしが花生の手を掴むと、彼女は参ったように「泣くなよ」と言った。泣いてなんかない。そんな安っぽいこと、あたしはしない。花生の苦しみは花生だけのもので、花生の傷は花生のものでしかない。あたしはどう頑張っても花生の代わりにはなれないし、なろうとも思わない。――だけど。

「あたしは、花生が此処に埋まってしまえばよかったとは思わない。今この瞬間、花生がこの場所に居てくれたことを――一緒にいてくれたことを、あたしは、幸福だって確かに言える」

　花生が驚いた顔であたしを見ている。しばらくあたしを見つめた後、今日一番の笑顔を浮かべた。手についた砂を払うと、くまちゃんを両手で掴んで、あたしの顔にぐっと押しつけてくる。

「自分のことでは泣かないくせに、あんたって本当、馬鹿だよね」

　バランスを崩してあたしが後ろに転がると、花生がそのまま覆い被さってくる。かすかに香るシャンプーの匂いにどきりとした。寮のものだから、多分同じ物なのだろうけれど、普段使っているそれと、花生の髪の毛から香る匂いは全くの別物のように思えた。花生の身体は熱かった。普段見ている白い肌の下に、こんなにあたたかな温度があったなんて、はじめて知った。花生はあたしを抱きしめた。あたしがくまちゃんにするみたいに、優しく。まるで、何かを祈るように、それは切実な何かをもった行為だった。あたしは、花生の心に想いを馳せながら、背中に当たる砂の感触に身を委ねる。この砂の奥深くに、花生の生きていた時間がある。花生の思い出が眠ってる。色あせないままに、時を止めている。それがたまらなく悲しくて、どこか救いだった。花生の思い出は誰にも壊されないまま眠っている。写真の中の世界のように。色鮮やかなまま。

「何で死ぬんだろう」

　ふと、呟いてみる。こんなに生きているのに。あたしたちは今こんなにも燃えるように生きているのに、何故死んでしまわなくちゃいけないんだろう。あたしは空を見た。あたしは琥珀色から赤く燃えるような色に変わっていく空が、あたしたちの中に流れる血液のように思えた。

「……生きてるから」

　花生がそう呟いた。たしかに生きているから、死ぬのだろうと。

「私はね、紗奈。限りがあるからうつくしいなんていわない。永遠の命が欲しいと願った新人類の気持ち……私は分からない、とは言えない。死ぬのは怖い。ずっと生きていられるなら生きていたい――その気持ちを、否定はできない。死ぬのは怖いし、死なれるのも怖いよ。誰にも死んで欲しくない。だけど生きてるかぎりは死ぬ。私という精神で、私という肉体で、生きていくのなら……死は免れない。永遠なんて欲しくないとはいえないけど、なくたっていいとは言える。今この瞬間さえあれば、この先がなくたっていい。私は今という瞬間にだけしか、未来を感じられない。砂の奥に眠る思い出の上に今があって、今が砂のように降り積もることでしか、未来を願えない」

　花生がそう言って、あたしの身体を強く抱きしめる。あたしは、花生が言っていることのすべてを理解出来ているかは分からない。けれど、あたしにとっても大事なのは、永遠じゃなくて今。今あたしがいて、あのファインダー越しに、あの時のあたし、そしてあたしの家族が映っていたこと。それを花生が見ていたことが、あの時のあたしの全てで、今のあたしの全ては、花生と今此処に居ること。このうつくしい砂の下に眠る花生の過去を、花生と一緒に感じていること。それだけがあたしの真実。

「ねえ紗奈」

「なに？」

「私を、撮ってくれない。この場所で、あんたが」

　花生がまっすぐあたしを見つめる。鉱石みたいな、透き通った強い瞳で。その瞳に射貫かれたあたしがだす答えは、たったひとつだ。

　あたしはカメラを構えて、花生に向ける。花生がファインダー越しにあたしを見る。あたしも花生も何も言わない。


　カシャン。


「ねえ紗奈」

　花生がレンズ越しにあたしを見ている。

「何？」

　あたしはファインダー越しに、花生を見ている。

「一緒に居て」

　花生が、一瞬だけ泣きそうな顔をしてそう笑った。

　あたしはファインダーから目を離して、もう一度覗く。


　カシャン。

「一緒に居るよ」

あたしはそう言って、花生の手を握る。

もうすぐ、この地球に、あたしたちにとって最後の夜が来る。

◇

あたしと花生はどちらからということもなく、海へ歩いていた。

途方もなく広がる砂浜は砂漠のようで、けれどもあちらこちらに埋まりかけた家の瓦や、散らばった本、冷蔵庫、洗濯機なんかが、どちらかというとこの場所を巨大なゴミ処理場のようにさせていた。

「足下気をつけなよ。ガラスとか踏んだら危ないし」

「うん」

あたしは砂にまみれた、誰かの思い出を眺めていた。写真を撮ろうかとも思ったけれど、やめた。誰かの思い出は、あたしの思い出じゃない。だから、それをあたしの思い出として写真に残すのは、気が引けた。あたしは散らばった物を傷付けないように、花生の後に続いて歩く。

歩き始めて一時間くらい経った頃。ふいに花生が立ち止まった。

「……やっと見えた」

思わず、息を呑む。

花生の先に、青くて暗い海。もう何年も見ていない、本物の海だった。

「すごい」

月並みな言葉しか、浮かんでこない。こわいくらいに透き通った海。月のひかりに照らされて、魚の鱗のように、水面が光っている。その輝きは鉱石の断面をも思わせる、一種の硬質さを孕んでいた。あたしは靴を脱ぎ捨てて、海へ走った。砂があたしの足を傷付けようと囁き始めるのも無視して、ただただ海に走る。

ざぱん、と波が足にぶつかった。生まれた泡が、肌にまとわりつく。生ぬるくて、冷たくて、心地良い。あたしがざばざばと深い方へ行こうとすると、カメラが壊れる、と花生が言った。あたしはあわてて鞄を持ち上げる。

「忘れてた」

「だと思った」

花生は呆れたようにいうと、靴を履いたまま海に近づく。そして、海と砂浜の境界線で立ち止まって、ただ海を見ていた。

「入らないの？」

「私はいい」

花生は海を見つめたまま言う。あたしは水を掬いあげて、花生の方にかける。距離があるから当然、花生にはかからない。けれど、花生は嫌そうな顔をした。

「気持ちいいのに」

「だからだよ。……あと、サメが怖い」

花生はそう言って、なんの貝かわからない巨大な貝殻を拾い上げて、水を掬った。花生は気難しい。こんなところにサメがいるわけないのに。あたしはざばざばと砂浜に引き返して、花生に鞄ごとカメラを渡す。膝の辺りまでびしょぬれになったあたしを、花生はさっきよりもさらに嫌そうに見つめた。

「なんで服のまま入ったの」

「衝動」

「脱げば」

「脱ぐよ」

あたしは、花生のそばに服を脱ぎ捨てると、今度こそ海の中に入る。身体をぐっと伸ばすと、ふっと軽くなった錯覚を覚える。水の中は好きだ。小さい頃、海水は目に染みると思っていた。絶対に海水が入らないように、強く目を瞑って海を泳いでいたことを思い出す。海水は目に染みないんだよ、とあたしに教えてくれたのは誰だっただろう。パパでもママでもない。漂い、波に身を任せながら考える。ああ——そうだ。従兄弟の、雪哉だ。そういえば、あたしが最初に好きになった男の子は、彼だった。黒水晶の瞳。夜を閉じ込めたみたいな、さらさらの髪の毛。あの子は、そういえば、花生によく似ている。

泳ぐのはあたしのほうが上手かったけれど、かれはピアノが上手だった。かれの指先が生み出す音はいつも粒がそろっていて、綺麗で、透明だった。彼がピアノの練習をしているときに、こっそり聴いているのがすきだった。あたしの中で記憶の中のかれは、ジムノペディの穏やかさをしている。

家族旅行で、雪哉の家族とあたしの家族で一緒に海に行った。そこで、あたしは雪哉に教えてもらったのだ。海水が、目に染みないこと。深いところで泳げば、クラゲに刺されないこと。みんなで旅行に行ったのはあれが最後だった。

翌年、雪哉の家族は交通事故でみんな死んでしまった。旧人類が永遠の命を見つける前のことだった。

どうして今まで忘れていたんだろう。あたしは目を開ける。海底に、魚のようなものが泳いでいるのがぼんやりみえた。掴もうとして、指先をすり抜けていく。あたしはもう、あの頃の恋を思い出せない。淡い気持ちは、口の間からこぼれた呼吸のように海面へのぼって、弾けて戻ってこない。どんな物も過去になり、思い出になっていく。けれども多分、あたしのなかに残り続ける。それが思い出だ。それはあたしが死んでも、変わらないこと。

海の底に沈んでみる。砂にぴったり背をつけて、海面に手を伸ばしてみる。月が見える。大きくて白い月。海を銀色に照らす、穏やかな青白いひかり。死んだら何処に行くんだろう。こぽこぽ、とあたしの口から生まれていた泡がぱちんと弾ける。あたしは息を吐くのをやめた。ゆっくりと、水と身体が一つになっていくのを感じる。水と身体の境界が、消えていく感覚に身を委ねる。後少しで、ゼロになる——そう思った瞬間、ぐいっと思い切り手を引っ張られた。

あたしは、驚いて水を思い切り飲んでしまう。胸が苦しい。あたしの器官はいとも簡単に、さっきまで受け入れていたはずの水を拒絶する。海の侵入を許さない身体は、月の銀色のひかりも、水の青も、外に出そうとめまぐるしく働き始める。あたしは一気に海面に引き上げられた。口の中が塩辛くて、吐いてしまいそうだった。

「溺れてるのかと思った」

花生はあたしの顔をみると、ほっとしたように息を吐いた。掴んでいた手を簡単に離して、ため息をつく。

「溺れてないよ」

「死ぬのかと思った」

「死なないよ」

「だからいったでしょ、サメは怖いって」

「花生のいってることは難しい」

「簡単だよ、案外ね」

花生はそう言うと、さっさと陸に戻っていく。さっきあれほど服をきたまま海に入るのを厭がっていたのに、花生は服を着たままだった。花生の制服から、海水がぼたぼたと落ちる。花生は砂浜につくと、うんざりした表情でスカートを絞った。

「パンツ見えるよ」

あたしがそういうと「サービスだよ。感謝して」と淡々と花生が言った。

「制服、交換する?」

「いい。良い物見つけたから」

そういって、花生があたしの方を見る。手に、何かを持っている。目があんまりよくないあたしは、花生の手元に少しでもピントをあわせるみたいに、目を目を細めた。薄く、平べったい、プラスチックの箱。花生は海水が滴ったそれを、ためらいなくあたしの服で拭いた。

「あー……」

よくやるよね、ホント。あたしは非難する気も失せて、陸に向かって泳ぎ始めた。

「それ、何」

「DVD。映画の。運が良ければ、観れると思う」

「海水だよ? 平気なの」

「多分大丈夫。たしか、水に入れても平気なんだよ」

そう言って、きっちりと水気をとると、そのままあたしのかばんにしまう。へえ、そうなんだ。DVDも、海水で目をあけても平気なのか。本当なのかよく分からないけど、とにかく、再生してみる価値はありそうだった。

「好きな映画?」

「うん。多分、いままで観てきた映画の中で、一番好き。……なんて、そんなに観てきたわけじゃないけど」

あんたも好きだと思うよ、と花生が付け足す。何を根拠に、とあたしは聞いてみる。

「私が好きだからに決まってるじゃない」

「……そうですか」

あたしは陸に上がると、身体にまとわりつく水分を手で拭って、制服を着始める。靴下は履くのを諦めて、ポケットに入れた。ローファーの踵の部分に指を入れて、そのまま持って歩く。

「履かないの」

「足の裏が渇くまで履かない」

ふうん、と言って花生は足の裏の砂を落とすと、靴下をはいて、ローファーに足をいれる。

「気にならないの？」

「気にならない。それより、上がびちゃびちゃなのが嫌」

「夏で良かったね」

「本当にね」

　海を背にして、歩き始める。あと、24時間までどれくらいだろう。もう随分と時計を見ていないから、時間の感覚が分からない。いつ滅んでもいい、と思っているからかも知れない。あたしは花生といれば、いつ滅びてもよかった。悔いはない、は言い過ぎだけれど、少なくともあたしは、後悔はない。

　でも、映画を二人で観られるくらいの時間はあるといいな。本当は映画館で見られたら最高だったけど、それは来世の楽しみにしておこう。来世が何になるかは分からないけど。そもそも、来世なんてものが、あたしや花生にあるのかどうかも、分かんないけど。

「……そう言えばさ花生、前に〝エンドロールが流れる瞬間を切ないと思えるかどうかが、その映画に対する自分の素直な評価〟って言ってなかった？」

　あたしがそう言うと、花生は驚いたように目を丸くして、「よく覚えてるね」と笑った。

「〝人の名前の羅列が、映画の中に入り込んでいた私を客観的な場所へかえしてくれるから、その時一番冷静に、でも素直に、その作品を振り返ることができる〟――たしか、そうもいった」

「好きだね、映画」

　まあ、そうだね、と花生が曖昧に頷く。

「映画を観てる時は幽霊になれるからね」

「幽霊？」

「うん。映画を観ているとき、幽霊になってるように感じるんだよ。映画の中の道路を歩く透明で、主人公に憑依する幽霊……主人公やヒロインをただ見つめる存在であるときもあれば、彼らに感情移入するときもある。彼らが傷つけばまるで自分の心に亀裂が走ったように感じる。それは憑依しているから、同調しているんだろうなって、たまに思う」

「映画の中のことを疑似体験できるってこと？」

「……っていうよりは、映画の一部になれるっていう、そんな感じ」

　そこまで言って、花生は「行こう」と早歩きをして、あたしより先に行ってしまう。花生はたまに、へんなところで照れる癖がある。映画の一部になれる。あたしは花生の言葉を心の中で繰り返してみる。映画の一部になれる。

　それって、もしかすると世界の一部になれるってことなんじゃないか。

　そんなふうに思って、笑う。あたしも大概、気難しいのかも知れない。或いは、花生のそれが移ったか。そういえば、映画のタイトルを教えてもらっていないことに気付く。ねえ、花生。その映画のタイトルって――先を歩く花生に聞こうとして、花生が思ったより先のほうに行ってしまったことに気付く。花生の制服から滴る水が、砂浜にドットを作っている。あたしはそれを踏んで壊しながら、花生を追いかける。追い付いたら、花生にタイトルを聞こう。花生が一番好きな映画の、タイトルを。そして、家に帰ったら、ふたりでそれを観よう。見終わったら、ジムノペディを聴きながらお風呂に入るのも良い。ママが特別な日にしかいれない入浴剤を入れて、パパが好きなボディーソープを使おう。新しいシーツに身体を横たえて、朝までおしゃべりしてもいい。あたしが集めた児童書の中から、好きな本を選んで、ふたりで読んでも良い。花生の初恋をきいてみるのもいいかもしれない。あたしも花生も、まだ話すことがたくさんある。

　気まぐれに、全速力で走ってみる。花生に向かって、真っ直ぐに。しばらく近づいたところで、あたしが走っていることに気付くと、花生まで走り始める。思わず笑うと、お腹の横が痛くなった。生きてる、なんてふと思って、さらに笑ってしまう。

「あ」

　花生が間の抜けた声をだす。それと同時に、花生が履いていたローファーが飛んでいった。きれいな弧を描いて、落ちる。ころころ、と転がって、ひっくり返った状態で止まる。花生が振り向いて、あたしを見た。

「雨だって」

　花生が言った瞬間、あたしも花生も堪えきれなくなって、お腹を抱えて笑ってしまった。


　拝啓、新人類の皆さん。

　明日の地球は、多分、雨。

もっと映画を観たい！

名画座は映画の学校

僕らは学生時代から
映画館を〝暗闇の学校〟と呼んで連日かよい続けていた。
ロードショー劇場は予行演習にすぎなかった、
一度通過するところだった。
映画を観たい！ もっと映画を観たい！
そう思ったとき、
気づくと2本立て3本立ての映画館に座り込んでいた。
明るい学校で失くしたものも、
暗闇の学校で学んだことで
人間としてはるかに成長していった。
名画座は映画と人間を支えている。
寺山修司は映画を〝点滅する光は消えず〟と言い残した。
ときに、劇場は消えても、
名画座という映画空間は僕らの人生にいつも存在している。
映画の観方が多様化している現在、
名画座をあらためて考えてみようと思う。

東京・横浜 名画座紹介

文・撮影＝山岸文二

名画座とは何か？ 解説的に言えば「番組編成が特徴的で、監督や俳優、作品のテーマなどを決めて複数作品の上映や数ヶ月前に一度封切り公開されロードショー館で上映が終わった映画の上映などの形態が多い。旧作なので2本ないし3本立てで上映することが多く入場料金も1,000円前後である」。

しかしこれでは名画座の説明として物足りない。

かつて、レンタルビデオが無かった頃は、映画解説本で時折出てくる過去の映画は自由に観ることで出来ず、名画座で上映があるときは遠くの映画館であろうと何が何でも出かけたものである。

また、特集上映では数多くの上映作品を続けて観ることで新たな発見があり、一本では普通の映画も他の作品と併せて観ると相乗効果で面白くなるなど組合せの妙味というものがあった。またそうしたプログラミングを行うのが興行師（支配人とは呼ばない）としての力量でもあった。

名画座とは映画通になるための道場であったわけである（中には特に思想も無く古い映画の寄せ集めで公開する名画座もあったがそれはそれで面白かった）。

一方で、２～３本上映はすべて見ると一日かかるわけで、エアコンの無い下宿学生や仕事にあぶれた労働者の暇つぶし兼生活の場でもあり、そうした人々の集まる名画座は場末の光景の中にベトっとした独特の倦怠感があった。並木座などは熱心に見入る人々で構成される映画館、新宿昭和館などはアウトロー臭が濃い映画館など色分けされていたが、文芸座や三軒茶屋中央劇場などは時折、その人員構成が入り交じっており、私はそうした空間をこよなく愛した。

名画座とはそこに集う人々そのものであり、その空気感は決してロードショー館では形成されないものなのである。

飯田橋ギンレイホール

東京都新宿区神楽坂2-19

1953年に銀鈴座として開館。1974年から名画座として現在の名称になった。

洋画・邦画・アジア映画など多彩な映画を2本立てで上映している。ギンレイホールは映画人が多く訪れる神楽坂に近いため、山田洋次（作家が執筆の為に訪れる神楽坂の旅館・和可菜の常連）や新藤兼人などが訪れ、森田芳光は学生時代､映画館でアルバイトをしていたなど逸話も多い。また､1万円で映画を1年間見放題となる｢シネパスポート」や上映映画のあらすじやスケジュールが記載されている「ギンレイ通信」などを発行している。

かつては周辺に、「後楽園シネマ」、洋画の名画座「佳作座」、銀鈴ホールの地下の「飯田橋クララ劇場」などがあり、クララ劇場は後に成人映画館「飯田橋くらら劇場」となるが、2016年5月31日に閉館した。

早稲田松竹

東京都新宿区高田馬場1-5-16

1951年、松竹の系列封切館として開館。1975年より2本立ての名画座となった。2002年4月1日に休館したが、早稲田大学の学生を中心に「早稲田松竹復活プロジェクト」が発足し、2002年の『たそがれ清兵衛』の上映、2003年1月25日から洋画2本立て上映を行い本格再開した。

波の形状の屋根と少し奥まった一階外壁など、昔ながらの“映画館”の建物の雰囲気がある。かつては、オールナイト上映などもあり、飲み疲れた早稲田の学生のたまり場になっていたとか。昭和30～40年代に開館した名画座は「冷暖房完備」が売り文句で、映画を真剣に観る人とただ時間を潰す人が同じ場所と時間を絶妙な距離感で共有するのも醍醐味だった気がする。

2000年頃の早稲田松竹の入り口

目黒シネマ

東京都品川区上大崎2-24-15 目黒西口ビル地下1階

意外と目黒に映画館があることを知らない人が多いが､駅前の好立地に存在する老舗映画館である。1955年「目黒ライオン座」の地下に開館した「目黒金龍座」が前身で、金龍座は洋画を上映していた。1974年頃建て替えを行い地下の映画館「目黒オークラ劇場」として開館した。1982年に「目黒シネマ」に改称し現在に至っている。洋画の２本立てを一貫して続けており、筆者の学生時代には三軒茶屋の映画館と並び、良く出かけたものである。客層は学生や目黒か白金あたりのマダムが多く、洋画でもアクションではなく、文芸物かロマンス物が多く上映されていた思い出がある。

神保町シアター

東京都千代田区神田神保町1-23

2007年に神保町シアタービルの地下に開館した。大手出版社の小学館運営の名画座で、同じ建物には吉本興業運営のお笑い劇場「神保町花月」が入っている。

映画館と思えない近未来的な繭のような設計の外観が特徴である。

神保町の映画館といえば、ミニシアターの殿堂「岩波ホール」が有名だが､大正時代に開館した「東洋キネマ」も忘れられない。東洋キネマは1921年に現在の神田神保町2-10に開館、関東大震災で建物が倒壊し、昭和初期の1928年に新たに築造された。昭和戦前のモダンな建物は戦災にも耐えて、1970年代の閉館後も他の用途に使用されていたが、1992年に惜しまれつつも解体された。

銀座並木座［閉館］

東京都中央区銀座2-3-5

1953年10月７日開館。戦後まもなく人々に希望を与えた映画『青い山脈』の映画プロデューサー・藤本眞澄が、俳優の池部良、小林桂樹、監督の市川崑などの出資者とともに開館した。入場者に無料で配布されたプログラム「NAMIKIZA-Weekly（並木座ウィークリー）」は、作家や映画関係者のエッセイやイラストが載せられ、今は貴重な資料となっている。小津安二郎や成瀬巳喜男、溝口健二など往年の名監督の特集上映など、日本映画の歴史とも言える作品群を多数上映し「日本映画の殿堂」とも呼ばれ、銀座らしい上品な作品と客層を持つ空間であった。

名画座文化の衰退や建物の老朽化などから1998年９月22日に約半世紀の歴史を閉じたが、その精神は後に生まれる新たな名画座で引き継がれている。

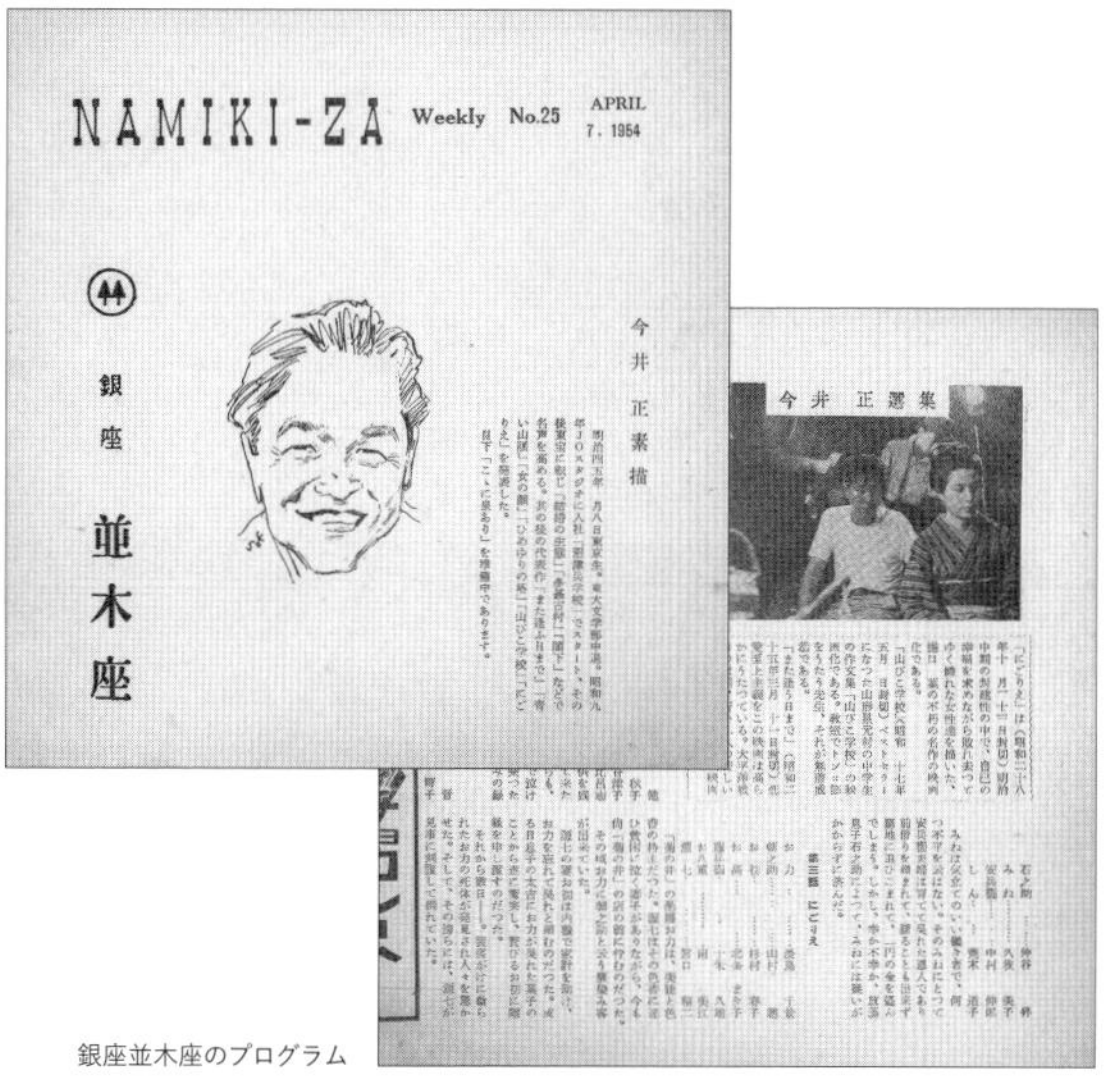

銀座並木座のプログラム

銀座名画座［閉館］

東京都中央区銀座4-8-7三原橋地下

1968年9月、東銀座の三原橋地下街のテアトル三原橋が「銀座名画座」に改称した。1988年に並列の銀座地球座を含め改装し、「銀座シネパトス１・２・３」となり、2009年からは1スクリーンを邦画専門の名画座とした。三原橋地下街はアダルトショップや定食屋が並び、銀座の中で戦後が残る空間であった。映画鑑賞中、時折地下鉄日比谷線の通過音が聞こえるなど味のある映画館で、キムラヤのあんパンを頬張りながらスティーブン・セガールの映画をよく見た記憶がある。

東日本大震災の後、三原橋地下街の耐震性が問題となり、2013年3月31日で閉館した。閉館前にシネパトスを舞台にした映画『インターミッション』が上映され、当時の銀座を舞台にした往年の邦画が特集上映された。

東急名画座［閉館］

東京都渋谷区渋谷2-21-12

1956年12月1日、東急文化会館に渋谷パンテオン、渋谷東急、東急名画座、東急ジャーナルの４館が開館した。「東急名画座」では洋画の旧作を数多く上映していたが、1986年6月に「渋谷東急2」に改称されロードショー館になった。都内有数の巨大映画館・渋谷パンテオンを有する東急文化会館は、文字通り渋谷の映画文化の中心であったが、建物の老朽化や渋谷駅前再開発により2003年6月30日に閉館した。閉館イベントでは、6月21日～30日まで「蘇れ！東急名画座」と称して渋谷東急２を東急名画座に再度名称変更し、『ベン・ハー』や『E.T.』など洋画名作18作品が上映された。昭和時代の東急沿線に住む人々にとっては、思い出深い映画館であった。

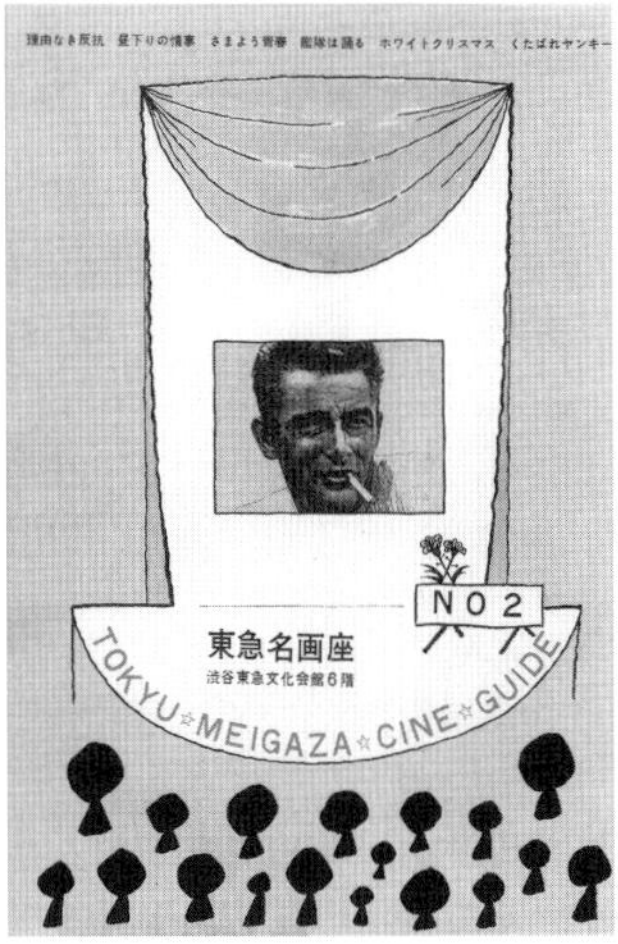

東急名画座の上映ガイドとチラシ

新宿昭和館［閉館］

東京都新宿区新宿3-35-13

1932年12月22日洋画上映館として開館。昭和30年代後半から40年代初頭にかけて徐々に仁侠映画路線となり、以後閉館まで新宿昭和館といえば「仁侠映画の名画座」の代名詞となった。地下には「昭和館地下」という成人映画館があり、近くの「新宿国際劇場」「新宿国際名画座」の裏町的風景と融合した新宿らしいアウトロー空間を醸し出していた。特に壁面に無数に重ね剥がされた仁侠映画ポスターの張り跡は、戦後闇市から日本一の繁華街へと成長した新宿の街の象徴として記憶されている。2001年4月30日に建物の老朽化に伴い閉館した。昭和館に集う人々と閉館までの内幕を描く川原テツ氏の「名画座番外地」は必読の名著である。

2000年頃の新宿昭和館の外観

三軒茶屋映画劇場［閉館］

東京都世田谷区三軒茶屋2-11

1925年に駒澤電氣館として開館。三軒茶屋映劇とも呼ばれた。1952年に開館した姉妹館の三軒茶屋中央劇場や1965年開館の三軒茶屋東映（のち三軒茶屋シネマ）と並び、三軒茶屋のランドマークだった。

三軒茶屋映画劇場は、洋画2本立ての名画座として長年親しまれたが1992年3月13日に老朽化で閉館。中央劇場は2013年にデジタル設備への投資を諦め閉館。最後の三軒茶屋シネマも存続を図ったが施設の老朽化もあり、2014年7月20日で閉館し三軒茶屋の映画館はすべて無くなった。

三軒茶屋の映画館三館では、見逃した洋画をまとめて見られるため、筆者は学生時代には良く出かけたものである。私の２～３本立ての名画座体験の原点であり、思い出深い場所である。

浅草名画座［閉館］

東京都台東区浅草2-9-12

明治中期に誕生した浅草六区は当初見世物小屋などが並んでいたが、明治後期には日本初の映画常設館「電気館」が開館し、日本一の映画街となった。しかし、昭和から平成に変わる頃から徐々に映画館が閉館していった。浅草の名画座は浅草トキワ座、東映名画座などがあったが最後まで残ったのが浅草名画座である。浅草名画座は1936年に新築開館した大都劇場を起源とする浅草中映劇場の地下に1953年に開館し、邦画の仁侠・喜劇・時代劇を中心に3本立てを上映していた。

2012年10月21日に施設の老朽化により中映劇場とともに閉館し、浅草六区から映画館が無くなった。この事実は日本映画史上非常に重要で、明治から続く日本初の映画興行街の歴史が途絶えたことを意味する。

かもめ座［閉館］

神奈川県横浜市中区宮川町2-36

1952年開館。館名は一般公募で決められ、港町ヨコハマらしい「かもめ座」という名称になった。洋画二本立てを中心に上映、館内は昔懐かしい労働者風の方々が多く、喫煙しながら映画を観る人が多くいて驚いた思い出がある。

建物デザインが独特で、外観はもちろん、中も金メッキの手すりがついた曲線階段や正面にあった古い時計などが思い出深い。

2002年に施設の老朽化や経営者の老齢などにより閉館したが建物はしばらく残っていた。その間、『オリヲン座からの招待状』(07)、『ラフ ROUGH』(06) などで撮影されたが、後に解体され現在は駐車場となっている。ちなみに館内にあった古い時計はシネマ・ジャック＆ベティに保管されている。

日活名画座［閉館］

東京都新宿区新宿3-1-26

現在の新宿マルイアネックスの場所に以前「新宿日活」の建物があった。新宿日活は1931年開館の日活直営館・帝都座が前身で、一時東宝の映画館となるが、戦後は帝都座と５階の帝都名画座となり日活直轄に戻る。1951年、帝都座は新宿日活、帝都名画座は日活名画座となった。日活名画座のポスターはイラストレーターの和田誠が描いていたのは有名である。1970年に新宿日活は新宿オスカーとなり、1972年に新宿オスカーと日活名画座は閉館し、土地は丸井に売却された。日活名画座では定期的に開催される「欧州名画特集」が好評で、専用のパンフレットも作成されていた。

日活名画座のパンフレット表紙

参考文献
「昭和の東京　映画は名画座」青木圭一郎、ワイズ出版／「円山町瀬戸際日誌」内藤篤、羽鳥書店
「名画座時代　消えた映画館を探して」阿奈井文彦、岩波書店／「名画座番外地」川原テツ、幻冬舎
「銀座並木座」嵩本友子、鳥影社／「思い出の映画館」高瀬進、冬青社
「東京名画座グラフティ」田沢竜次、平凡社

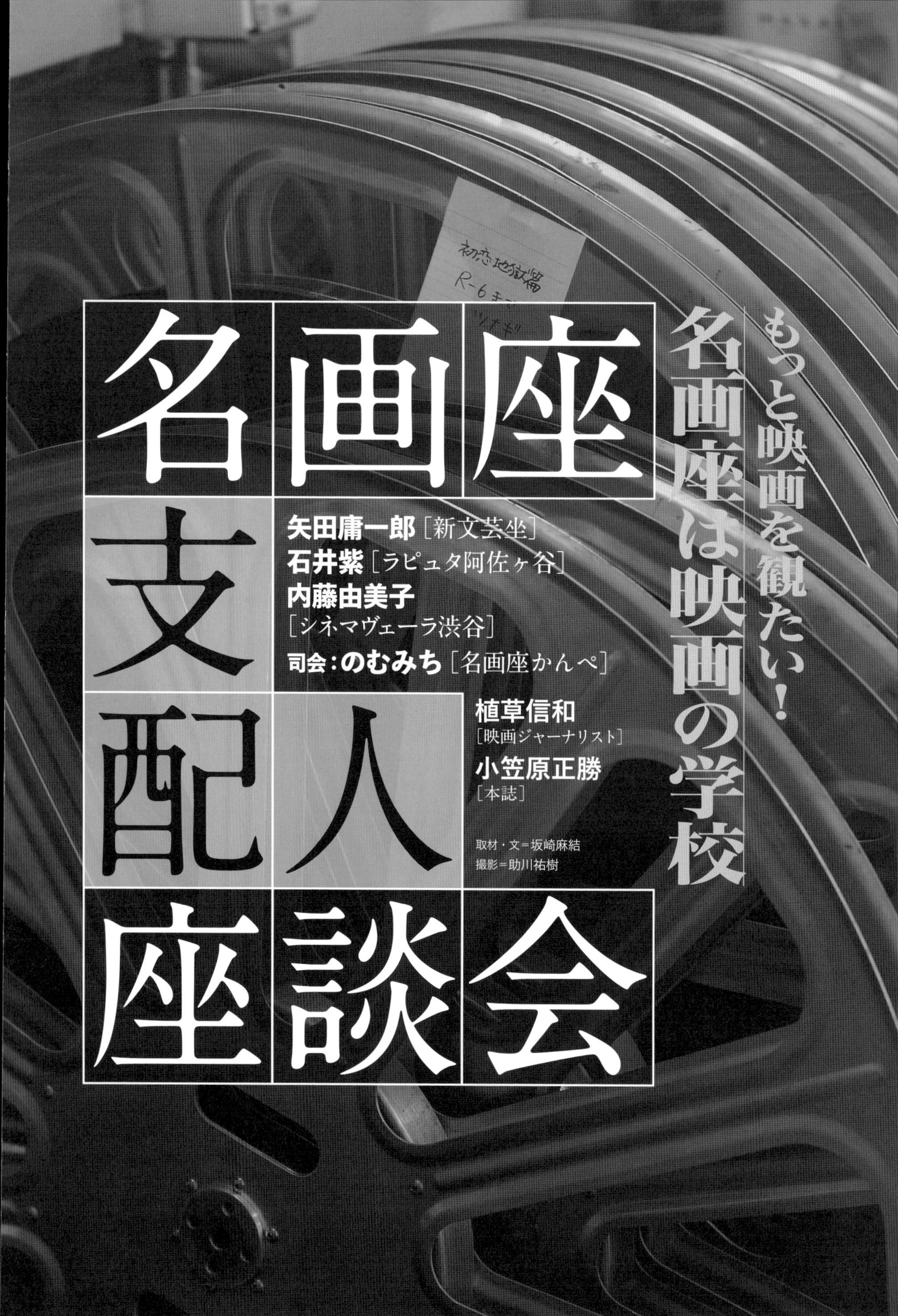

名画座支配人座談会

もっと映画を観たい！
名画座は映画の学校

矢田庸一郎［新文芸坐］
石井紫［ラピュタ阿佐ヶ谷］
内藤由美子［シネマヴェーラ渋谷］
司会：のむみち［名画座かんぺ］

植草信和［映画ジャーナリスト］
小笠原正勝［本誌］

取材・文＝坂崎麻結
撮影＝助川祐樹

「週刊名画座かんぺ」スタート、若い人を呼び込むには

植草　まず最初に、『週刊ポスト』で始まったのむみちさんの連載「週刊名画座かんぺ」について。これは画期的というか、名画座にとっては非常に大きな動向ではないかと思います。これはどういった経緯で始まったのですか?

のむみち　2012年から「名画座かんぺ」を作ってきて、やっているうちに色々な知り合いができてきました。そのなかに『映画横丁』というミニコミ誌の編集をされている月永理絵さんって方がいらして、彼女の誘いで『映画横丁』の誌面で対談だとかエッセイを書いていたところ、それが『週刊ポスト』の担当編集の方の目に止まったようで。ここ数年間、『週刊ポスト』には文化欄がなかったらしいんですが、もともと編集長は落語だとか映画が好きな方だっていうことで。ちょっとここいらで文化欄を復活させたいと、まず映画評論家の秋本鉄次さんの連載が始まりました。それから旧作を誰かに書いてもらおうということで、私に話が来たんですね。最初は、単純に都内の名画座でその週にかかっている映画を3本選んで書いてくれ、と言われたんですけど、私はもともとプロのライターではないので、それだとちょっとキツい、私では無理です、とお伝えして、それでも私にやらせていただける場合はどういうものにできるかなというのを考えた結果、やっぱり「名画座かんぺ」でいくしかなかろうと。それで、最終的に名画座さんのスケジュールを載せられるような形にさせてもらいました。

矢田　『週刊ポスト』っていう全国的に発売されているような雑誌に、東京の名画座という映画館のなかではマイナーな存在が1ページ載っているということは、とてもすごいことだなという印象でした。

のむみち　まだスタートしたばかりなので反響はわからないんですが、石井さんに、今度こういった連載が……と事前に報告に行ったんです。そのとき石井さんがおっしゃっていたのは、今『サライ』で川本三郎さんが連載されていますけど、それが月刊誌なので、刊行のスケジュール的になかなか情報が出しづらいと。

石井　月刊誌だとかなり先の上映情報を早い段階で出さなければいけないので、そこまで先のスケジュールが決まっていないというのが実際のところなんです。月刊誌だと間に合わないけれど、週刊誌であれば直近の上映情報を出せるというのがありがたいですね。

内藤　のむみちさんにはいつもお世話になっているので、こんな風に宣伝していただけるのはすごい!と思うばかりです。『週刊ポスト』というのも意外でした。

のむみち　ただ名画座さんとしては、どんどんお客さんの年齢も高くなっているなかで、いかに若い人に来てもらうかっていうところで頑張っているときだと思うんです。なので、『週刊ポスト』だと年代的に若い人の集客にはつながらないかもしれないんですけど(笑)。

石井　でも、お客さんの客層でいうと、10年前とかに比べたらずいぶん若くなっているなと感じるんですよ。

内藤　うちも若いですよ。

石井　昔は、リアルタイムでご覧になっていた方が「懐かしいな」といって観に来てくださることが多かったんですけど、今はそうじゃない。新しい客層だなと感じます。年齢的には下がっているなと。

植草　『週刊ポスト』はサラリーマンが読む雑誌ですよね。発売部数は週刊文春と週刊新潮とその次くらいでしょう? おそらく40万部近い部数だと思うんですよ。僕はすごく嬉しいなと思います。

内藤　ロマンポルノとかの集客につながりそうですね。

のむみち　それはいいかもしれないです（笑）。名画座を知っていただく動きのひとつになればいいなと。今、お客さんが若くなったということでしたが、それって何年前くらいからですか?

石井　よくこういった取材のときにお話させてもらうんですけど、客層が若くなったなと思ったのは、やっぱりシネマヴェーラさんができてからだなと。それまでは何だか、地域の公民館みたいな感じだったんですよ（笑）。本当にシニア層ばかりという感じだったんですけど、ヴェーラさんができてからは、渋谷に名画座ができたっていうことで若いお客さんの間でもそういう映画を観るという習慣ができたのかなって。

内藤　それは、すごく嬉しいですね。

矢田　新文芸坐の場合は、年齢層はやっぱり高いんですよね。同じ邦画でも、新文芸坐では名作だとか定番と呼ばれるような作品が比較的多く、シニア層がメインの客層であるのは変わらないです。

のむみち　ただ新文芸坐さんの場合は、シネマテークだとかオールナイトだとかっていうところで、わりと若い方が来るというイメージです。

矢田　そうですね。シネマテークだと平均年齢は30代前半くらいだと思いますし、オールナイトもしかりで。あと、うちは洋画もやるので、洋画だと年齢層は若くなります。

のむみち　だから新文芸坐さんは映画館としての運営の仕方で、若い人を呼び込むっていうところに成功されていると思うんです。だけどラピュタさんとかヴェーラさんでいうと、そういった特別な枠があるわけではないので、そういった点でもっと若い人に来てほしいですよね。普通にしていても、もっと若い人が来てくれる状態にしたいというか。

植草　ただ、ラピュタ阿佐ヶ谷では日活ロマンポルノの名作選をやったときに、けっこう若い女の子が多かったなという印象でしたよね。びっくりしました。

石井　めちゃくちゃ多かったです。私もびっくりしましたね。ロマンポルノってそれまでレイトショーの枠しかやっていなかったので、それを明るくて観やすい時間帯に移して、うちみたいにちょっと見た目がファンシーな劇場でやっていれば若い女の子も来やすいんじゃないかっていうのがあって。それで一回昼間にやってみたら、すごく来てくださって。

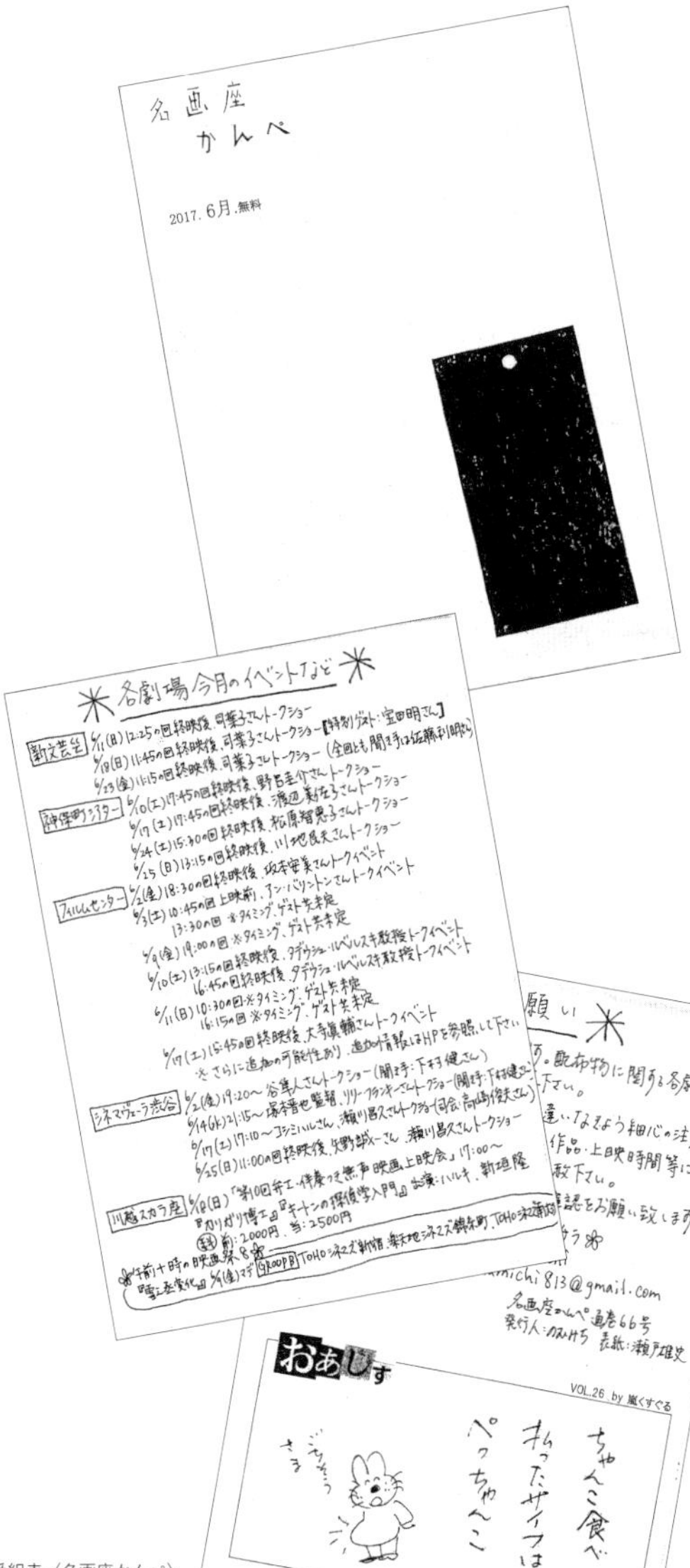

のむみちさん発行の名画座番組表〈名画座かんぺ〉

のむみち　あれはチラシも素敵でしたよね。

石井　そうですね。やっぱりチラシはいつも気を使っていて、とくに絵でつくるときはポップで綺麗なイメージになるように。

のむみち　女性に向けてという点では、文芸坐さんはレディースシートなんかも作ってましたよね。

矢田　番組によって、ロマンポルノをやるときなどはレディースシートを作ったりしましたね。やっぱり来やすいというか座りやすいっていうのはあったと思いますね。

植草　若い人を呼び込むっていうのはひとつのテーマになっていますが、やっぱりそれは大命題なんですか?

内藤　私にとってはそうですね。そもそも渋谷に映画館を建てたっていうこと自体が、若い人に来てほしいという思いがあったので。それを最初からテーマにしていました。

矢田　それは日本の映画界全体が求められていることだろうと思うんですよ。

内藤　そうですね。私はやっぱり旧作を若い人に観てもらいたい。徐々にそういう変化は起きていると思います。

植草　そう考えると、のむみちさんのような若い女性がこういった発信をしてくれるというのは大きいですよね。

のむみち　そんなに若くもないですけどね（笑）。

植草　今の客層に比べればじゅうぶん若いでしょう。のむみちさんから見ると、お客さんの変遷っていうのはどうですか?

のむみち　う～ん、特集とその時間帯にもよりますし、やっぱり平日の早い時間だと若い人は学校や仕事があってどうしても少なくはなってきますよね。ただ、劇場さんによってとか、若い人も多くてびっくり、っていうことはありますね。たまにものすごく若い人とかもいますよね、10代の方とか。それはすごく希望だなとは思います。

石井　中学生、高校生くらいから通ってくれる子とかもいますよね。学生証とか見て、「ああ大学生になったのか」と思ったり（笑）。

内藤　子連れさんとかもいらっしゃいますよね。幼稚園児を連れてくるおじいちゃんとか。

のむみち　そう考えると、ヴェーラさんは中学生以下っていう設定があるじゃないですか。そういうのも面白い試みですよね。

内藤　そうですね。アニメとかをやったこともあるので、やっぱり子供さんも、という気持ちはあります。

映画の観方の変遷

本誌　年代によって、映画の観方も変わってきていると思います。昔は、ロードショーで封切りされて、それから二番館で二本立てになり、三番館で三本立てになったり。そういうプロセスというかシステムがあって、その流れでみんな行っていました。映画に興味を持ってもっと観たいと思うようになると二番館、三番館に行くようになり、そのうちそれでも足りなくなると名画座に行くようになる。ところが今は、そういう流れとは関係なしに最初から名画座に行く人だっていますよね。だから映画の観方が変わってきているのは確か。そうすると、その頃に比べて今は名画座ってどういう位置にいるのかなと思うんです。それは、歴史的にというとオーバーですが、流れがあると。今、名画座ってどういうものなのか。ミニシアターともまた違ったりするでしょう。そういうことについて、名画座の側としてはどう考えていますか。

内藤　私自身も年代的にはけっこう上なので、80年代のミニシアターブーム真っ只中にいて。それこそ俳優座シネマテンとか、そういう場所に日常的に行って、踊りに行くみたいなそういうバブリーな文化もあり（笑）。もちろんヴィム・ヴェンダースのようなフランス映画社のものから、中野とか自由が丘、三百人劇場とか、そういう時代を生きてきて。やっぱり私のなかにはそういう名画座のイメージが初めからあって、三百人劇場も大好きでしたし、ああいう形でまとめて監督の特集をやるとか、中国映画をやったり、ルイス・ブニュエルをやったりとか、名画座とはそういうものであるっていうのがひとつありましたね。並木座もよく行っていたので、ああいう感じで小津安二郎とか成瀬巳喜男を繰り返しやるっていうところがあってもいいとはもちろん思ってはいたんですけど、始めるにあたっては意外にそういう影響がありましたね。やっぱり一人の監督のものをがっつり見せるとか、ジャンルでくくって見せるとか、そういうのが醍醐味です。旧作であれば基本的になんでも選べますし、封切りじゃないという自由があるので、どんどん色んなものをやりたいっていう思いがありますね。

のむみち　イメージとしてはミニシアター名画座、というような感じですよね。そういう点では新文芸坐さんは少し違いますか?

矢田　そうですね、私は出身が九州なので、80年代の初頭に上京してきて。当時はシネマスクエアとうきゅうができてちょっと経ってくらいだったので、私の感覚だとミニシアターはああいうものから始まって。そのあとに続いたのがシネ・ヴィヴァン・六本木とかですよね、確か。そういう時代から見てきて、今回ちょっと振り返ってみたんです。当時、文芸坐に入ってから「映画が落ちていく」みたいな言い方を先輩からされたことがあって。つまり、ロードショーがあって、ちょっと安くなって二番館とか三番館とかでかかって、それからさらに二本立て三本立てになる。それで、最終的には名画座、という。つまり新作がどんどん値段が安くなって、二本立てになったりして、観やすくなっていくと。それが、「映画が落ちていく」みたいな言い方だったと思うんです。今はそういうこともなくはないんですけど、ロードショーと名画座の間の部分が薄くなっているというか。二番館的な映画館が少なくなってきている。名画座も減っちゃって、という状況ですよね。それで、もうひとつ振り返ってみると、邦画をやっている名画座っていうのは今よりも少なかったんじゃないかと思うんですよ。並木座と、文芸坐地下劇場、それから大井武蔵野館もあったんですけど、あそこはちょっと後ですよね。昔からあったところでいうとやっぱり三百人劇場とか。ただ、三百人劇場は常設の劇場じゃなくて、まあ芝居小屋というか。だから本当に邦画を一年中やっている名画座というと、並木座と、文芸坐地下くらいかなと。それを考えると、今の方がおそらくタイトル数は多いんじゃないかなと思うんですよ。並木座は一週間二本立てでずっと小津安二郎とか成瀬巳喜男とか木下恵介とかを順々にやっていくわけじゃないですか。同じものを繰り返し繰り返しやっていく。だから今の方が、少なくとも旧作の邦画の上映タイトル数は多いんじゃないかなっていう気がします。それ以外のところは、ほとんど実は新作なんですよね、名画座といっても。

植草　早稲田松竹や目黒シネマみたいなところは二番館ですかね。

矢田　早稲田松竹や目黒シネマは二番館というか、名画座じゃないですか。今は下高井戸シネマがロードショーより安くして二本立てとかやっていますけど、そういうところが所謂二番、三番館なんじゃないかと。うちの父も実は東京で、学生時代、ロードショーで新作を観るのは高いから、映画が落ちてくるまで待っておくみたいなことがあったようなんです。つまり新作のちょっと古いやつを専門的にかける映画館が実は今でいう名画座だったのかなと。

矢田庸一郎（やだ・よういちろう）

1963年、大分県生まれ。大学入学にともない上京、学業そっちのけで、名画座で映画三昧の日々を送る。そして87年9月、運命の日が。文芸地下に『青春かけおち篇』『竜二』『ちょうちん』の三本立てを観に行ったところ従業員募集の貼紙に遭遇、即応募し入社することに。97年、文芸坐が破産し路頭に迷うが相変わらず名画座通いの日々。3年後の2000年、主にパチンコホールを経営する（株）マルハンが文芸坐の跡地にビルを建て、3階に名画座・新文芸坐を作ることになる。同年8月に新文芸坐スタッフとしてマルハンに入社し、涙なみだの映画界復帰となった。文芸坐再建の功労者、初代支配人・永田稔の後を引き継ぎ08年、2代目支配人に就任。ちなみにマルハンには支配人という呼称がなく役職名は店長。

植草　確かに矢田さんがおっしゃったように、邦画のタイトル数は増えているのかもしれないですね。

矢田　それが始まったのは大井武蔵野館とか、あとは昔「スタジオams三軒茶屋」という映画館があって、そこが過渡期だったんじゃないかって。

特集上映について

のむみち　今のヴェーラさんとかラピュタさんとかでやっている「特集」っていうくくり。その走りがスタジオams三軒茶屋だったんですか？

矢田　ひとつの例は、映画監督鈴木英夫の発見っていうのは、amsなんですよ。そういう風に私も思っていたし、映画評論家の方もそう言っていて。鈴木英夫っていうのは当時そこまで知られていなくて、そんなときにamsが発掘したという。つまりヴェーラさんとかラピュタさんのように、並木座とか文芸坐もそういう傾向はあるんですけど、所謂映画史に残っている『東京物語』とか『七人の侍』とかそういう定番作品以外の、あまり知られていない映画をやるようになった映画館。それがamsだったり、大井だったり。

植草　ラピュタ阿佐ヶ谷もそういう路線に近いんじゃないですか？

石井　そうですね。ただ内藤さんもおっしゃってましたけど、自分の感覚としてはラピュタ阿佐ヶ谷はあくまで旧作邦画をメインにやっているミニシアターだと思っています。扱っている作品に関しても、新作と変わりない感覚で扱っているんです。昔やっていたものをリバイバルでっていうことよりは、なんというのか、新作というつもりでやっていて。旧作でも、初めて観る方もかなり多いと思うので、それは新作とあまり変わらない気持ちなんです。こちらとしてもそういう感覚なんです。

植草　やっぱり、鈴木英夫を発見したamsのような意識っていうのはどこかにありますか。

石井　まったく評価もされてないし、全然文献とかもない監督でも、映画館でたくさん上映をしていると、たまに「あ、この監督いけるんじゃないか」と思う瞬間があるんです。やっぱりお客さんの反応がダイレクトなので、まとめて特集すると面白いんじゃないかとか、劇場内で「これは」と感じることがある。鈴木英夫監督とかもそういう感じで、「これはもっと出せるんじゃないか」っていうのが現場レベルであったんじゃないかと思うんですけど。

のむみち　そう考えると、名画座というのは思ってもみない発掘や特集ができるところなんだなと改めて感じますね。私もまさにそうで、みなさんのように若いときから映画に親しんできたわけじゃなくて、本当に突然変異みたいにいきなりはまったので（笑）。そういう意味では旧作邦画は「新しい文化」だと感じているんです。ただちょっと思ったのが、今ってみなさん特集切りでチラシを作ってやってらっしゃるじゃないですか。そうすると、どうしても漏れる作品とか出てくると思うんです。有名な監督や役者でもなく、だけどいい作品っていうのはあるんじゃないかと思うんです。なので特集を常にやるのではなく、もっと本当に「この作品を観てほしいからただかけている」という映画館があったらいいのになってちょっと思ったりもして。すごく贅沢なことなんですけど（笑）。

内藤　今、大井武蔵野館の本が出るっていうので、ちょっとまだわからないんですけど企画を

石井紫（いしい・ゆかり）
1979年、京都府生まれ。2003年にラピュタ阿佐ヶ谷で働きはじめ、翌2004年から支配人に。旧作邦画メインの番組編成を推し進める。埋もれた名作、快作、珍作に再び光を当てるべく活動中。

持ち込まれていて。全ラインアップっていうのが送られてきてそれを見ていたんです。そこで、誰かが「これ面白いよ」って言ってきた作品をかける企画っていうのをやられているんですよね、一週間とかだけそういうレアなものをやっていたり。そういうものでも、いいのかなと。ヴェーラでもそういうことはやっていますし、ラピュタさんでもやってますよね。だから配給くくりとかでやれば、ある程度自由に選べるのかなって。

石井　そうですね。ただ、特集上映にしているからこそ拾える作品はたくさんあって。監督特集とかだとあれなんですけど、配給やプロデューサーなんかでくくったり、そういうところで今まで入れられなかった作品をやったりとか。

内藤　うちも今「新東宝」で何百本と観ているんですが、拾ってくるっていう感覚はありますよね。

のむみち　じゃあ、「特集」に縛られるということもなくて、逆に自由になるという感じなんですね。

石井　逆のパターンもあって、「この作品をかけるためには何特集にすればいいのか」っていうのを考えたりとか。それでとんでもない変な特集ができたりするんですけど（笑）。自分がかけたいものをかけて、その反応がお客さんからダイレクトに伝わってくるっていうのは、もうなんというのか、エクスタシーですよね（笑）。

植草　しかも映画史上ではあまり知られていなくて、自分だけが知っているような作品だとなおさらですよね。

それぞれの映画の原体験とは

本誌　「名画座」というものはどういうものか、というのは時代によって変わっているのかなと思います。みなさんのこれまでの映画体験というのは、それぞれどんな入口だったのですか。

石井　もともと映画は好きだったので、ラピュタ阿佐ヶ谷に入社したわけなんですけど、たぶん一番最初に劇場で観たのは『ゴジラ』あたりだったと思います。中学生くらいからおこづかいで自分で映画を観に行ったりするようになって。関西出身なんですが、「京都みなみ会館」が私がいちばん通っていた劇場でした。1スクリーンしかないんですけど、一人シネコン状態っていうか、スケジュールがもうえらいことになっていて。東京のミニシアターでやるような作品が、すごい短いスパンで邦画も洋画もがんがんかかっていて、春休みとかになるとマキノ雅弘監督の特集が急に入ってきたりとかして。なのであんまり好みで選ぶというよりは、劇場自体がそんなにたくさんあるわけじゃないので、「かかる作品は観る」という感じで高校生の頃なんかは手当たり次第観ていたと思います。京都みなみ会館のほかは、京都朝日シネマなんかにも学生時代はよく通っていました。

のむみち　それからは上京されて、という感じですか。

石井　そうですね。東京ではやっぱり三百人劇場に特集上映のたびに通っていましたね。

植草　ラピュタに入られたのはどんな経緯だったのですか。

石井　本当にたまたま、「ふゅーじょんぷろだく

内藤由美子（ないとう・ゆみこ）

シネマヴェーラ渋谷の支配人であり、映画館運営会社の代表取締役。
夫・内藤篤の名画座開設画策を子どもの受験で忙しく放置したところ、2006年1月に開館の運びとなってしまった。開館と同時に運営会社の代表取締役となり、2年後には支配人となり、2014年ごろから本格的にプログラミングを担当。“夫婦の趣味としての名画座”という無謀な試みも10年を超え、日々「若い人たちに旧作を観てもらうには」という難題に頭を悩ませている。チラシの次回予告欄に意外な特集を掲載するのが悦びで、これまでの最高傑作(!?)は、「安藤昇伝説」から「ルビッチ・タッチ」への流れ。

と」の配給担当募集のところに入ってきて、それが2003年の3月だったので、それから数ヶ月後には2週間に一度映画館のお手伝いをということでラピュタに入りはじめて。いちばん最初にお手伝いをしていたのが、撮影監督の岡崎宏三さんの特集上映だったんです。岡崎さんは当時まだ元気で、本当に毎日劇場にいらっしゃるような感じだったんですが、すごく話が面白くって。15年くらい前って、監督さんや俳優さんもそうなんですが、まだ名作の現場のスタッフさんとかもみなさんご存命の方が多かったじゃないですか。なので、現場でリアルにみなさんから直接お話を聞くっていうことが多くて、それがすごく楽しくてはまっちゃったんですよ。それまでは旧作邦画にそこまで馴染みはなかったんですけど、それ以来はすっかりはまって、こんなに面白い世界があったのか、と。

のむみち　しかも、それが自分の職場ですもんね。

石井　そうですね、それからはもうズブズブはまっていって。それで何かわからないところがあると直接聞いて、例えば「川島雄三監督ってどんな人だったんですか」とか聞くと思い出話がたくさん出てきたりして。そういうことがすごく楽しくて、たぶんすごくいい時期だったんだと思うんです。今のタイミングだと、みなさんもういらっしゃらないので、そういう意味では最後の時期だったんじゃないのかなと。

のむみち　ご自分で特集とかをやられるようになったのは、2003年くらいからですか。

石井　そうですね。「昭和の銀幕に輝くヒロイン」という特集で原節子さん、それから成瀬巳喜男監督をやったときです。最初は全然わけがわかっていないので、うちの映写の遠藤が、「せっちゃんと成瀬監督だったら絶対に外さないから、最初はそれがいい」と。最初につまずくとあれなので(笑)、はっきりとは言わなかったですけど、そういう配慮があったんだなとあとで思いました。

内藤　私自身はアマチュアなので、石井さんのようなプロではない。とくに映画の仕事をしていたわけでもないですし。でも小さい頃から映画は観ていましたし、わりと家では毎週土日には映画館に行くような感じだったんです。夜は東京12チャンネルで、当時はアラン・ドロンブームだったから、やたら『仁義』だのなんだのっていうのを繰り返し観たり、そういう子ども時代でした。なので中学校くらいからACTミニ・シアターでブニュエルを観たり、歌舞伎町のビルの上にあった小さな映画館でミケランジェロ・アントニオーニの『欲望』とかを観たような気がします。そういうませた子どもでしたね。それからはバブルもあったし、ニューアカ世代なので、そういう意味ではいつもシャンテなりヴィヴァンなり俳優座なりでずっと映画を観ていたんです。でも、その頃は日本映画は全然観てなかったですね。映画の仕事をするとは思っていなかったので、好きな映画ばかり観ていて、そうなってくるとやっぱりヨーロッパやアメリカやアジア映画ばかりになってしまって。自分のなかでは最後に来たのが日本映画という感じですね。

のむみち　それはプログラムにも反映していますか？

内藤　やっぱり洋画が増えてますよね、どう考えても(笑)。始めた頃は私も忙しかったので夫が勝手にやっていたんですけど、たまには私も

のむみち（野村美智代）

1976年宮崎県出身。南池袋「古書往来座」店員。職場のお客さんから勧められ、2009年に旧作邦画の洗礼を受け、名画座の歓びを知る。それが高じて2012年より手書きのフリーペーパー「名画座かんぺ」を毎月発行。2017年7月現在、通巻67号目。2016年には、さらにそれが高じて、『名画座手帳』を企画／監修。同年2月に2016年版を、10月に2017年版をトマソン社より発行。一部の名画座ファンから熱狂的支持を得る。現在『名画座手帳2018』の刊行に向けて諸々準備中。7月より『週刊ポスト』にて「名画座かんぺ」の週刊版、「週刊 名画座かんぺ」がスタート！自他共に認める飯田蝶子ファン。男優では大木実を愛す。

プログラミングをしていて、そのときはジョニー・トーだったりキム・ギヨンだったり。自分のなかでは、やっぱり洋画のほうが全然詳しいので。邦画はお客さんのほうが数段詳しくて、とてもかなわないので、教えていただいたりしながら。

植草　でも、先日の「新東宝」は大入りだったんじゃないですか。

内藤　そうでした。今は石井さんの気持ちがわかるなって。すごく大量に観てらっしゃるじゃないですか。私もここにきてそういう何百本も観て選ぶっていうことをやっていて。はまる瞬間っていうのはあるなと思いましたね。

矢田　僕は映画体験の始まりっていうことだと、九州だったので、田舎って映画が本当に観られないんですよ。それに今思うと大反省なんですけど、映画をすごく選んで観ていたんですね。だから九州の片田舎なんですけど、例えばフェデリコ・フェリーニの『カサノバ』とか、フランソワ・トリュフォーの『終電車』とか、あるいは『戦艦ポチョムキン』とか、そういったものをごくまれにやるんですよ。そういうときは必ず観に行って、中学校とか高校生のときですね。で、逆にですね、所謂普通のロードショー作品っていうものをまるで観てこなかったんです。今から思うと頭でっかちで馬鹿だなと思うんですけど、フェリーニとかヴィスコンティとかトリュフォーとかゴダールとか、そういうものが映画だと思っていて、普通のロードショーなんてものは馬鹿にしてたわけですよね。だからほとんど空白なんですよ。大学で、東京に出てきてから、憧れの岩波ホールに行くわけです。それで『熊座の淡き星影』とか、そういうものばかり観ていました。『バック・トゥ・ザ・フューチャー』とか『E.T.』とか、そういった作品を名画座で観ていたりもしていました。

つまり普通の映画好きの人が観る豊かな70年代の映画みたいなものは全然抜け落ちていて、文芸坐に入った頃にそれに気づいたんです。「なんてことをしてしまったんだ」と思いましたね。

植草　文芸坐に入ったのはいつ頃だったのですか?

矢田　文芸坐に入ったのは今から30年くらい前ですね。

植草　30年前っていうと、オールナイト全盛ですか。

矢田　全盛ではないですね。87年くらいだと、もう落ち始めた頃ですね。上板東映って名画座があったじゃないですか。私はもうなくなっていて行ったことがなかったんですが、石井聰互の『狂い咲きサンダーロード』を作った上板東映の話とか聞くともう、伝説みたいな感じでした。文芸坐も映画を作っていたし、私が入った頃はもうそういう往年の名画座の姿が翳りだしたときだったと思います。なので、いちばん最後に間に合ったみたいな感じかもしれません。

植草　並木座、文芸坐、新宿ロマン、上板東映とかね、そのあたりは70年代ですよね。

矢田　そうですね。68年に鈴木清順が日活をクビになったのをきっかけにして「鈴木清順問題共闘会議」ができてデモなんかが起きるわけじゃないですか。やっぱりそういう話を聞くと、ちょっと違う時代だなという感じでした。今の名画座とは在り方が違うような気がします。時代の熱気が全然違う。

上映形態について

植草　ちょっと上映形態についてもお聞きしたいんですけど、だいたいフィルムの時代は終わって、ほとんどがもうデジタル上映をしている。映写機自体がもう少なくなってきている、という現状だと思うんです。そのへんはどういう風にお考えですか?

内藤　映画館を始めたときには、フィルムはいずれ終わるなというのがもう見えていました。だから洋画が多くなっているっていうのもあるんですよね。大手さんだとフィルムでしか貸していただけないので、DVDとかブルーレイとかで貸してもらえればいいんですけどそれもできないし、そうなってくるとやれる作品はどんどん少なくなっていく。ジャンクされ、フィルムは消耗品なのでどんどん状態が悪くなる。そうなると、もう自由に選べなくなってくるので、それはもう仕方ないんだなと。今は洋画にはほとんど自分たちで字幕をつけていて、パブリックドメインのものを買ってきてやっている状態なので、そうやって手持ちのものをどんどん増やしていっていて。いずれフィルムは全く使えないっていうことになってきたときに、結局は洋画専門館になる可能性もなくはないっていう風に最初から考えていましたね。

植草　ヴェーラ、ラピュタは上映のために新たにフィルムを焼いているじゃないですか。それはすごいことですよ。

石井　そうですね、一特集に一作品くらいの割合でニュープリントしていて、だいたいその特集上映のときには元が取れるか取れないかぐらいなんですよ。ただ、絶対に何回かは使うので、次にかけるときにはもう回収できるっていうイメージで、あまり一回で元を取ろうとは考えていないんです。劇場としては先行投資みたいなつもりでニュープリントをしている感じですね。あとはやっぱりニュープリント作品があると上映の目玉になるので、その前後の作品の集客にもつながる。今、劇場自体ちょっと余裕があるっていうこともあるんですが、やっぱり自分が観たいからっていうのも大きいです。

内藤　私も、やっぱりそれはありますね(笑)。

石井　そうなんです。だから、やっていいと言われている間はやろうかなと思っています。

植草　いや、でもすごいことですよ。未だにニュープリントしてるっていうのは。

内藤　すごい高いですからね。どんどん上がっていますから。

石井　それに、ニュープリントができるのもあと数年だと思うので、今の間にやっておこうっていうのもあります。

内藤　あと2～3年ですよね。現像所がもうなくなってきているし、今は東映が外注になっちゃいましたし。焼けなくなる日は近いっていうのもありますね。

矢田　難しいですよね。うちも、誰かに立ってもらって募金を募って、私も個人的に出したりしながら、文芸坐で上映するために焼いたっていうケースも過去にはありましたけどね。あとはファンクラブを中心にお金を集めたりだとか。ただ、文芸坐がお金を出して焼くっていうことは、私が支配人になってからはもうないですね。石井さん

新文芸坐　東京都豊島区東池袋1-43-5 マルハン池袋ビル3階

「新文芸坐」の前身である「文芸坐」は、サンカ小説で有名な作家・三角寛によって1956年3月に開館。同じ池袋東口にあった「人世坐」の姉妹館であった。開館後は松竹洋画系の封切館だったが、1968年の人世坐の閉館後に名画座となった。館内には、映画書籍専門店や文芸坐地下劇場、小劇場が併設されていた。周辺にストリップ劇場や風俗店も並ぶ中で、文芸坐の長年の風雪による黒染みが浮かぶ壁とハープを持った女神のレリーフは、アウトローな池袋の街の印象として今でも人々の脳裏に焼き付いている。
文芸坐は1997年3月6日、建物の老朽化などにより閉館。跡地はマルハンのパチンコ屋ビルとなり、2000年、3階に「新文芸坐」がオープンし、再び池袋東口に名画座が復活した。

が言ったような先行投資と考えるというのは、やっぱりひとつの宣伝の目玉になりますし、すごくわかります。でも「先行投資」っていう発想はすごいですよね。

石井　やっぱり2回目までに回収できているっていう感じなので。もともと2回、3回とかけるつもりで特集を考えたりしていますね。

矢田　ただ難しいのが、ラピュタさんのものになるわけじゃないというところですよね。権利がついてくるわけじゃないのに、そこまでお金をかけられるっていうのがすごいです。

石井　もちろんそうなんですよね。ただ、ニュープリントした後に他館さんとかで稼働があったりするので、焼いたかいがあるというか。劇場としての実績にもなるんです。例えば次にニュープリントしたいっていうときも、これは絶対に今後も稼働するからと伝えると、先方にとっても得なので、ちょっと勉強してほしいとかそういう交渉もできたりするんです。「絶対に損はさせないから」と。やっぱり、ニュープリントってあまり喜んでくださらない会社もあるんですよね。

内藤　そうなんですよね。面倒だし、管理費もかかるし、フィルムの稼働が全国でみてどのくらいあるかって考えたとき、まったく配給会社にとって名画座ってどうでもいい存在なんです（笑）。それが真実だと思うので、商売にはならないというか。

矢田　逆に映画会社が自社で映画祭をやったりして名画座への貸し出しがストップになったりするケースもある……。

内藤　うちなんかはまだ新しいのであれなんですけど、みなさん、溝口健二にしろ増村保造にしろロマンポルノにしろ、名画座が一種のブームを作ったっていうのがあるじゃないですか。だけど、まあそういうブームが起きると、結局は自社でやった方がいいっていうことになるわけですよね。それはもう権利者なのでしょうがないって思うんです。でも、名画座が何もやらないよりはいいって。

これからやってみたいこと

のむみち　みなさん、これからやってみたいことっていうのは何かありますか？

石井　それは、いつもこういったインタビューとかで必ず聞かれるんですが、絶対に答えないようにしています（笑）。企業秘密じゃないですか。これをやりたい、あれをやりたいっていうのは言わないです。

内藤　乞うご期待、ということですね（笑）。楽しみにしています。

植草　みなさん、色々な特集を考えられていますが、そのアイデアが枯渇するっていうことはないですか。これ以上はなかなか出てこないというような、番組を組む苦しさというのはありますか？

ラピュタ阿佐ヶ谷　東京都杉並区阿佐谷北2-12-21

1998年11月7日開館。座席数48席の小さな映画館である。館主は才谷遼さん。映画館名は「ガリバー旅行記」に由来する。当初はアニメーションの上映館であったが、池袋の文芸坐や銀座並木座などの閉館により、名画を映画館で鑑賞する機会を持ちたいという思いから、2000年から一般映画も上映するようになった。以来、昭和20年～30年代の日本映画の旧作を中心に、フィルムにこだわりながら上映を続けている。特に長年続けている特集上映「昭和の銀幕に輝くヒロイン」シリーズは、2017年5月21日（日）～7月22日（土）の倍賞美津子特集で第85弾となる。2015年4月には、姉妹館であるミニシアター「ユジク阿佐ヶ谷」が開館した。

石井　う〜ん、ネタ切れはあんまりないですね。ただ、「こういうことがやってみたい」と思っても、お目当ての作品が揃えられないとか、そういうことの方が苦しいですね。企画自体で困るっていうことはないですけど、それを実現するためにフィルムを集めてくるっていうことのハードルがすごく高いです。まずはフィルムがあるっていうことと、かけられる状態かということと、権利関係がクリアであるっていうこと。それが全部揃わないと上映ができないので、そっちの方が大変です。思いつくこと、やりたいことはたくさんあるんです。でも形にすることが難しい。

内藤　うちは、まずヴェーラの特色として洋画があるので、洋画をバンバンと決めてしまうんです。年末年始、ゴールデンウィーク、夏休み、という感じで。洋画についてはネタ切れすることはないですね、次から次へとやりたいことがあるので。その合間に邦画を入れていくという形で、私もあまり知識があるわけではないので、みなさんの持ち込みもあります。それから書籍の刊行記念もけっこうやっていて、私は本を売りたいっていう気持ちもあるし、好きなんですね。映画本を作るのは大変ですから。買う方は映画も観たいだろうし、そういうコラボは意識してやっています。

植草　最近の例でいうと荒木一郎さんのケースなんかはそうですよね。出版と特集をやられていて。

内藤　そうですね。洋画もそうなんですよ、エルンスト・ルビッチとか、ジョージ・キューカーとか、ハワード・ホークスとか、本が出たときにやるっていうのは。そういうのもありますし、持ち込みもありますし、あとは監督も今お元気なのでやっておかないと、とかそういうこともあります。ネタ切れをするっていうことはないですよね。やっぱりこの監督でやりたいけどフィルムがないっていうことの方が多いです。

矢田　僕はやってみたいというかやってほしいっていう感じなのは、「午前十時の映画祭」ってやってるじゃないですか。で、すごいお客さんが入っているっていう話なんですけど、ずっと続いているので。

植草　2012年から13年の1年間、TOHOシネマズみゆき座は「午前十時の映画祭」の専門館になっていて、「何度見てもすごい50本」のSeries1と2を連続上映していましたね。それくらい興行的に成功していて、今年は既に8回目です。ラインアップを見ていると、こんな映画まで、というタイトルが年々出てきていますが。

矢田　そうなんですね。まさにそういうことなんですけど、ご存知のように邦画は東宝さんなり松竹さんなり東映さんとかが作品を持っているので、要はフィルムがあれば何でもできるわけなんですけど。洋画の場合は、基本的にはまず買ってきたものは配給期限があると。それからハリウッドメジャーも、例えばディズニーなんかは確か1年だったかな、映画の貸し出し期間。

シネマヴェーラ渋谷　東京都渋谷区円山町1-5 KINOHAUS 4階

2006年1月14日開館。個性派の丹波哲郎や安藤昇などの俳優や北野武（オープニング特集）、中川信夫、神代辰巳などの監督の特集上映やゲストトークを続けている。近年、映画館の閉館が相次ぐ渋谷で唯一の名画座であり、映画の街・渋谷の文化を語る上でも貴重な存在である。

弁護士でもある館主の内藤篤さんは、「映画著作権の専門家」として活躍していたが、都内で相次ぐ名画座の閉館に危機感を持ち、自ら名画座を立ち上げた。開館10周年を記念して発行された「円山町瀬戸際日誌－名画座シネマヴェーラ渋谷の10年」（羽島書店）では、作品選定や運営の悲喜交々が語られており、映画館の運営に興味のある方は必見である。

だから洋画ってほとんどできないんですよね。たまにあるんですけど、昔の洋画を再公開する、例えば『カリフォルニア・ドールズ』でしたっけ。あれ、けっこう入ったじゃないですか。ああいうものをもっと増やしてほしいなというか、そうすると、私たちもその作品を上映できるわけじゃないですか。

内藤　私もかけたいと思ってちょっと問い合わせたことがあったんですけど、もう権利切れしていて。今は二ヶ月とかで権利を買ったりしているので、みんな厳しいんです。

矢田　お金がないので、そんなに何年も権利を買うことはできないんですよね。

内藤　なので、もう小屋を決めておいて、ここでかけたら次はここでかけて、そうしたらもう権利切れするっていうような。そういう範囲でしかもうお金のやり取りはできないんですよね。ただフィルムが残っていれば、一回いくらっていうような交渉はできるんですけど。

矢田　フィルムがなければ、それも作らないといけないですからね。そこにまたお金がかかってしまう。

内藤　そういうことなんです。

矢田　だから「午前十時の映画祭」みたいなものは実際に客が入ってますし、私を含めて観たい人がいっぱいいるわけなので。もっと、昔の映画を今ロードショーするような環境ができたらいいなと思いますね。

内藤　私たちは、それをやっているつもりもあるんです。ただ、パブリックドメインであるということが基本なので、１９５３年以前のものしかできない。70年代の映画なんかにはまったく手がつけられないんですね。

のむみち　いち映画ファンとしては、ＤＶＤじゃなくて、観たいと思った映画がいつでも映画館で観れたらいいなと思ってしまいます。無責任ですけど（笑）。でも三者三様というか、それぞれの名画座さんの違った視点で名画を発見できるのはすごくいいですね。

チラシ、プログラムについて

植草　あと、僕がちょっと個人的にお聞きしたかったのが、パンフレットというか、プログラムについて。毎回、すごくみなさん知恵を出して素晴らしいものを作っていると思うんですよ。例えば、石井さんのところでやっていた若尾文子特集のパンフレットの表紙になっていた『その夜は忘れない』だったかな。あの映画を僕は観ているんですが、あのカットは全然覚えていなかった。あまりにも若尾文子さんが美しく映っているので、また観に行ってしまいました。それは編集者の術中に嵌ったということだと思うのですが、そういうパンフレットに対する配慮っていうのは、どんな風に考えてらっしゃるんですか。

石井　そうですね、あのチラシはすごく大切に作っていて。なんでかっていうと、すべてのお客さんの入口があれだと思っているんですよ。例えば今植草さんが「あの一枚で」っておっしゃってくださったように、表紙にどの写真を使うかで、まず他館さんのチラシのラックに飾られているなかで手に取ってもらえるかどうかが決まる。たった一枚の写真で運命が分かれてしまうっていうこともあるんです。本当にお客さんと映画館とをつなぐ最初のツールとしてすごくチラシを大切に考えているので、写真選びもそうですし、タイトルをどこに配置するか、置かれたときに見やすいかどうかというところまで、デザイナーさんと細かいところまで詰めています。デザイナーは今3人いて、作品の枠によって合うデザイナーさんを変えているという感じです。

内藤　いつも素敵だなって思って見ています。私はもう自分で全部やっているので、とにかく一人ですべてやるというのがいちばん早いんですね。プログラム作りからチラシ作りまで。ポスターも事務所で刷っていますし、全部自分たちだけでやっている感じなので、本当に趣味なので申し訳ないんですけど（笑）。お客さんに甘えている部分もあって、やっぱり来たら観てくださるし、ＳＮＳで発信してくれて。ただ、この前「新東宝」がすごく入ったっていうのは、一枚のわりとキャッチーなスチールが良かったんだろうっていうのは配給さんとも話していて。やっぱりチラシは重要だなっていうのはいつも感じています。

矢田　そうですね。やっぱりラピュタさんのチラシとか、いつも素晴らしいなと思って見ています。うちはやっていることが多くて、邦画も洋画もやっていますし、オールナイトがあって、日替わりなんかもうちのスタイルであったりするので。もう何百本ってかけているんですよ。だから、正直スピードとの勝負っていう感じにはなっちゃうんです。あと、ちょっと話は離れてしまうんですが、新作もかなりやっている。例えば今度、新文芸坐で『ドント・ブリーズ』とか、『キングコング：髑髏島の巨神』なんかもやるんです。そういう新しい作品にしっかりお客さんが入ってほしいっていう思いがあるんですよね。邦画の旧作だけではなくて今の映画のビジュアルを活かしたチラシ作りというのが、そういう意味で課題です。

のむみち　楽しみにしています。最後に「名画座かんぺ」発行人として締めさせていただくと、やっぱり私が今やっていることというのは、名画座がなくなってしまったらそれで終わってしまう。なのでとにかく、なくならないで続いていってください、というのがすべてです。そして、私もそのためにできることはさせていただきたいと思っています。ありがとうございました。

［2017年7月4日　渋谷KINOHAUS 5Fにて］

女優・渡辺梓

演技する空間、そして劇場という“場”を求めて

取材＝小笠原正勝　文＝小林幸江　撮影＝永島明

——演劇と映画の狭間で——

演劇人 佐藤信との対話

かつてアングラ演劇の旗手として名を馳せ、演劇人でありながら芸能界とは距離をおいて活動する演出家の佐藤信さん。そして、仲代達矢さん率いる無名塾に所属する女優であり、アートプロジェクト「ニテヒワークス」のメンバーでもある渡辺梓さん。ふたりの出会いの場が、横浜若葉町にお目見えしたシェアスタジオWAKABACHO WHARF——佐藤さんたちのスタッフとグループが作り上げた演劇の〝場〟である。演技者としての渡辺梓さん、演出家、演劇運動家としての佐藤信さんに、映画を含め、演技とは、演出とは、そして演劇と街のランドスケープがどう繋がっていくのかを語りあっていただいた。

●僕はずっと、演劇から逃げよう、逃げようとしてきた（佐藤）

渡辺　佐藤さんは、はじめから演出家を目指していらしたんですか？　以前は役者をやっていたと小耳にはさんだのですけれど。

佐藤　小4から中1まで、子役をやっていました。いちばん古い記憶では、まだ小学校に入るか入らないかの頃、僕は新宿の諏訪神社の裏手に住んでいて、当時はお祭りになると神社に芝居が来たんですよ。そこで楽屋に入っていって「一座に入れてくれ」と言いました。子どもの言うことだから、一座の人も面白半分で「おう、いつでもおいで」と答えてくれて、家に帰って親にそのことを伝えたら、親が慌てて断りに行ってね。そういうことを何回も繰り返して、小4で劇団に入りました。テレビ局が開局したばかりの時代でテレビ番組にも出ましたが、いちばん多かったのはラジオの子役声優。それから夏休みになると舞台や映画に出ていたんです。でも中学2年生の時に、演劇界というより芸能界というものにほとほと嫌気がさしてしまって、役者をやめることにしました。自分で「一身上の都合により退団いたします」と退団届を書いたんですよ、中2で（笑）。ラジオのホームドラマでずっと僕のお父さん役だった中村伸郎さんの「芝居をやるなら大学を出なさい」という言葉が頭に残っていたというのも理由の一つでした。それから19歳までは演劇から離れていました。

渡辺　中2から19歳までは演劇との関わりはなかった？

佐藤　観ることはしていました。でも子役をやっていたから、芝居を観ても、生意気に「こんな芝居じゃダメだ」という気持ちがどこかにあるんです。劇場の裏に大道具さんがいたり、ニカワの臭いがしたり、僕もそういう裏側の雰囲気を知っているぞ、という気持ちがね。そのまま高2になりました。それが1960年安保闘争の年で、初めてデモに参加したのが6月15日、国会議事堂前のデモ。そこで人波にもみくちゃにされて圧迫されて、息ができなくて、本当に「圧死する」と思ったんですよ。自分の力ではどうすることもできなかったんだけど、ちょっと緩んだすきにスススッと逃げ出して、地下鉄に乗って帰ったわけ。そのあと、ラジオ放送で、東大の女子学生が死んだと知りました。この時「ああ、自分は逃げる人間なんだ」と気づいた。人生観が大きく変わったんです。

渡辺　そこが転換点になった。

佐藤　自分は逃げるんだ、とわかってから、受験体制から降りよう、というふうに考えました。自分は逃げるのだから、他の人と同じ道を歩むなんてできっこない。じゃあ、その弱さを抱えながら逃げる手段を考えよう、逃げるということを積極的に展開しようと思ったんです。それで「受験体制打破闘争」をやったの。

渡辺　「受験体制打破闘争」？

佐藤　同級生に歌手の加藤登紀子がいて、彼女たちと一緒になって、高3の時に受験科目を一切取らなかった。家庭科、美術、漢文とか、そういう科目で単位を埋めたんです。先生から「こんなんじゃ大学受験できないぞ」と言われても「いいんです」と。でもどんどん仲間が脱落していって、最後は加藤登紀子と二人だけになった。彼女は勉強ができたものだから先生に説得されて、高3の2学期から受験勉強を始めたんだけど、ストレートで東大に受かっちゃった。もともと彼女は受験勉強しなくてよかったわけ（笑）。ところが僕の成績では行ける大学が一つもない。よくよく探してみると、早稲田の夜間にものすごく基準が低いところがあったんです。それが早稲田大学第二文学部西洋哲学専修。夜間大学に行くということについて、なんとか親を説得しなくちゃと思って考え付いた理由が「昼間は芝居の学校に行く」ということ。僕はその頃、芝居ではなくてレビューの演出家になろうと心に決めていたんです。芝居だと興奮しないけどレビューだと幕が上がる前にドキドキできるんですよ。だから演出を勉強しようと思って、演出コースがあるのが俳優座養成所だけだったので受けたら、その年から演出コースがなくなってしまったの。

渡辺　えっ。

佐藤　そういうわけで、俳優コースには潜り込めたものの養成所にはほとんど行かず、籍だけおいている状態で、しばらくは大学と学生運動が生活の中心でした。養成所を卒業する時、レビューの演出家になるために東宝の第二演劇部を受けようと思っていたんですが、これも、ちょうどその年から第二演劇部は無くなっちゃった。そんな時に声をかけてもらって、青芸（劇団青年芸術劇場）に入団したんです。だから、積極的に演劇を選んだことはないんです。

●生まれてからずっと、何かしらの役が決まっていて、窮屈で（渡辺）

佐藤　渡辺さんの話も聞きたいね。女優を始めるきっかけは舞台？　映画？

渡辺　映画ですね。静岡出身なので舞台を観たことはなかったんですよ。毎週、父親と一緒にテレビの映画番組を楽しみに観ていました。小学校高学年か中学の頃、映画『北の螢』（84）かな、ヤクザ者が人を殺してタンカを切っているのを観て、虚構の世界なのに本当に死ぬんだと思わせることに衝撃を受けたんです。ちょうどその年齢って、生きるって何だろうと考え込む多感な時期で、命を軽々しく考えることもあったんですよ。ところが画面に出ている人たちは、作り物の話なのにこんなに必死になって、本当に生きて、死んだ。嘘の世界に行けば、私にも本当に生きることができるのかなって思ったんです。単純に、気持ちよくタンカ切ってみたいって気持ちもありましたけど（笑）。生まれてからずっと、私は何かしらの役割の中で生きていました。親の子供であり、兄弟の一人であり、そういうバランスのなかで私の役がもう決まっていて、本来のまっさらな自分をさらけ出すことができず、日常が窮屈でした。だから他人の人生を演じることで、いろんな自分と素直に向き合うことができると思ったんです。

佐藤　無名塾に入った経緯は？

渡辺　姉が美術方面に進んでいたので、私は別のことで褒められようと勉強を頑張って、高校は進学校に入ったのですが、姉が上京して離れて暮らすようになったら比較されることがなくなったので、一気に勉強しなくなりました。そんな折に新体操を始めたんです。ある日、個人競技の試合中に音楽が切れて、それでも私はお客様の手拍子のなかで踊り続けて、演技が終わった時に大歓声を受けるという経験をしました。そこで「私にもお客さんを感動させることができる」と。演劇や役者に向かって動いてもいいのかなって。地方だと、どうしても演劇って特別な世界で、まわりに「役者になりたい」なんて言うと「何うぬぼれてるの」と白い目で見られてしまうから、こっそりオーディションを受けていました。でも、なかなか最終的に受かることができない。親にもギリギリまで「進路は大学進学」と言っていたのですが、いよいよという時期になって「昼間は働いて、夜間に演劇活動をするから、劇団の受験料を払ってくれ」と伝えたら、大反対されました。私は演劇集団円や文学座あたりを調べていたのですが、怒った父が「無名塾というところはお金もかからなくて厳しくて、演劇の世界の東大みたいなところだ。無名塾に入るなら認めるけど、入れなかったら諦めなさい」と。

佐藤　よかったね、入塾できて（笑）。

渡辺　そうなんです。と言っても、受験のためにいったん上京してしまえば、あとは帰らなきゃいいと考えていたのですけれど（笑）。運よく無名塾に受かって、いろいろ叩き直されました。ところで佐藤さんは、子どもの頃、どうして無意識にお芝居に気持ちが向かったんでしょうね。

佐藤　それがわからないんだよ。父親もサラリーマンで、そういう家系でもないし。のちに「逃げよう」と思ってからは、楽な方に行こうとするとどうしても演劇へ行ってしまう。だから自分への重しとして、社会に目を向けていなければ、と自分に課しています。それもあって僕は「場をつくる」ということを一生やろうと思っているんです。演劇や映画といった既存の形式に参加するのではなく、新しく場を作っていかないと、ものすごくイージーに流れて行ってしまうから。

●演劇は俳優のもの、映画は監督のもの（佐藤）

佐藤　演劇というのは、俳優の演技を見せている。だから演劇は俳優のものです。映画は違うと思うんだけど。

渡辺　そうですね、無名塾の仲代達矢さんも「だから演劇をやる」とおっしゃっています。

佐藤　僕は演劇にはキャスティングディレクターはいらないと思っているんです。キャスティングディレクターがいないと演出できないような演出家はダメで、くじでもいいくらい。役者の本当の才能を引き出すのに舞台はいちばん適している。でも映画は違う。映画はフォーカスを決めている人、つまり監督のものです。映画で画面を切り取るのは監督の目だけれど、舞台で演技を切り取るのは観客の目だからごまかしがきかない。観客の前に立っているのは俳優だからね。演出家は……だから、本当に演出家は何してんのかなって最近思うんだけどさ（笑）。

渡辺　いえいえ、ちゃんと見てもらって、ダメ出ししてもらって。

佐藤　ダメ出しっていうのは単に方便。稽古を飽きさせないためのね。

渡辺　そんなことないですよ。ただ、役者たちの気が緩んでいる時に引き締めてもらうことはありますね。

佐藤　稽古では、僕は真正面には座らずに横から見ることにしているんですよ。そうじゃないと役者たちが僕に向かって演技してしまうから。これは柄本明と稽古をしていて気づいたのだけど、彼と稽古しているとおもしろくて、ずっと笑っているだけになってしまう。ところが斜めから稽古を見ると観察できるんです。演出家が見ているのは、俳優が観客に対してどう演技しているか、あるいは観客が舞台をどう観ているか。俳優は、特に若い人は、しばしばそのことを忘れてしまうんだよね。演出家に向かって演技し、演出家を説得しようとする。でも、演出家は自分の考えていることを言っているだけのことでね。俳優は自分が何を考えているか、ちゃんと喋ったほうがいい。稽古場でやることは議論なんだよ。僕は俳優に「演出家にハイと言うな」とずっと言っているんです。ハイと言ったらその通りにやらなくちゃいけないでしょ？　それはできない、絶対。

渡辺　演出家の言う通りにはできない？

佐藤　演出家が演出する時に頭にあるのは、経験則と台本。それから、もし自分が演じるならどうするか。ところが演出家の大半は演技者としてそれほど優れていないんですよ。だから演出家の演技というのは、得てして引き出し演技なんです。

渡辺　でも、演出家はいい役者の演技をたくさん見てきていますから。

佐藤　だけど俳優は引き出し演技じゃダメなんだよ、即興性がないから。演技って、その時何をやるかわからないというギリギリの状態でポンと入らなきゃいけない。だから、映像の演技と舞台の演技は究極的に同じだと、僕は思う。優れた映画俳優と舞台の仕事をすると、舞台俳優と違って、稽古に入る前にすでにセリフを覚えていて、稽古場に来た時にはもう台本がボロボロ。映画俳優は「セリフを覚えていないと自由に芝居ができない」と言うんですね。それが正解なんですよ。舞台俳優は逆で「動きがあればセリフが出てきます」と言う。でも、それではもう動きとセリフがくっついちゃっているわけさ。

渡辺　ああ、なるほど！

佐藤　舞台稽古にあんなに時間がかかるのは、ほとんどセリフを覚えることに使っているんですよ。セリフを覚えていない俳優が稽古場にたくさんいるから、お芝居ごっこをしてセリフを覚えるのを待っている。でも本当のお芝居ってさ、何があるかわからないし、起こったことに全部対応しなきゃならない。昔の新劇だと、後ろのセットがバタッと倒れてきても無視するんだよね。そのまま話が終わりまで進むか、もしくは見えない力がセットを元通りに持ち上げていく（笑）。だけども芝居はライブなのだから、セットが倒れたら芝居をいったんストップして立て直して、それからまた芝居を再開しても、だいたいの場合はそのほうが芝居はよくなるんです。僕は俳優に、セリフを忘れたら「忘れた」と言え、と言っています。それは実は大きな傷ではないんですよ。

映画ならカットがかかるところだけど、演劇にはカットがかからない有利さがある。それがライブということなんだと、僕は思います。

渡辺　それに、演劇の場合、同じことを何回もやるからおもしろいところはありますね。役者同士の空気の引き合いのなかに、突然の発見があったり。毎回同じセリフを言って同じ動きをしているのに、お互いのなかで突然「こういうことだったのか」と何かを見出す瞬間があって、それは何回も演じることのできる演劇ならではの尊さだと思います。

　舞台と映像の違いの話をすると、映像の仕事をやり始めたばかりの頃に、時系列で撮るのではなく、クライマックスのシーンから撮ると聞いて戸惑ったことがあります。相手役の人と一緒に芝居をしたこともないのに、いきなり悲しみに暮れるなんてできないよって、当時の私は混乱しました。演技の手がかりになるのは台本しかないので、文字を頼りに必死で想像しましたね。あとになって「あの演技じゃなかったかもしれない！」とか。

佐藤　でもね、映画の場合は、実はそれって50%くらいは俳優の自己満足。結局は監督が欲しい画が撮れたらなんでもいいんだ。だから俳優さんが監督になりたい気持ちもよくわかる。

渡辺　言われましたもの。監督に「どうしてそう演じるのかわからない」と聞きに行ったら、「お前の気持ちなんかどうでもいいんだよ！」と。「なんで気持ちが要らないんですか！」って泣いて（笑）。

佐藤　その泣いてる画が欲しい、とか言われたりしてね（笑）。

渡辺　他人の人生を演じるとき、もちろんそこに自分なりの個性は出るんだけど、監督や演出家に対して、やっぱり役者って受け身なんですよね。それに、役者って「待つのも仕事」で。役が来なければ待つ、待っている間に精進しようという職業です。仕事が来るまでの間、役者は悶々と待ちます。私がニテヒワークスの企画に参加した理由の一つは、役者である私にとって、場というものが必要だったからです。ある程度の年齢になって経験も増えて、いろんな役にチャレンジしたい時期に演じる機会をもらえないと、道を誤ることもある。だから、芝居に真摯に向き合う人たちが集まって、純粋に思い切り表現と向き合う場所が欲しいと思ったんです。受け身の立場から企画していくことへの転換でした。

●壁を塗ったら、舞台で自由に動けるようになって（渡辺）

渡辺　私は女優である一方、ニテヒワークスでアートリノベーションも手がけています。自分の手で壁を塗ったりテーブルを作ったりという経験をしてから、舞台セットに対する見方がすごく変わりました。以前は、例えば私が椅子に座る芝居をする場合に、私にとって舞台の上の自分の領域は、椅子まで歩いて椅子の背を持つ、その動きの世界でしかなかった。その他の空間は、むしろ他の出演者たちのものであって、邪魔をしてはいけないと思っていました。でも、ニテヒワークスで空間づくりをするようになってから、初めて舞台装置を知ろうという気持ちになったんです。「舞台セットの壁はこうやって塗っているんだ」から始まって、やがて床、テーブル……空間そのものが自分の味方のように思えてきて。すごく気持ちが楽になって、好きに動けるようになりましたね。

佐藤　映画だと少し違う？　映像では、環境自体がすごく嘘だもんね。

渡辺　でも、空間に対してそう捉えられるようになってからは、映像でも、例えば吊り橋の上で一人たたずむシーンを撮るときに、変なフリをしなくても雰囲気を出せるというか、そこにいられるようになりました。

映像でも舞台でも、「観客を意識して演技しない」という点では同じですよね。ただ、演劇では観客が入ることで、やっぱり役者は変わりますね。空気が動くというか、緊張というか……。

佐藤　観客が芝居や作品に及ぼす影響というのは、例えば拍手や笑いのような直接的な反応はもちろんあるんだけど、実は、「観客の空気感」がものすごく大きいんです。舞台というものは……映画にも言えることなんだけど、やっぱり大勢で観ているから、一人で観ているのとは違う。ダメだと感じている観客が一人いると、その空気がまわりの観客にダーッと広がって役者にも伝わるんです。すると、そこから芝居がどうにも動かなくなってしまうことがある。理屈ではなく、僕は何回も経験しています。井上ひさしさんが言っていた例では、家族と折り合いの悪いおばあさんがチケットをもらってしぶしぶ『リア王』の舞台を観に来た。本当は歌舞伎のほうが観たかった、暗い話でつまらないと思いながら観ているんだけど、途中で、ふと「リア王っていうのは私のことだ」と思う。そのとたん、急に彼女の観方がガラッと変わる。すると、その空気は必ず隣の観客に伝わる、と。特にそういう強い磁場を持つ人がいると、その空気は観客席を支配するんです。そして大概の場合、いい空気が悪い空気をどんどん放逐していく。だから否定的な観客というのは、かなり最悪の体験をして帰るんですよ。舞台からだけではなくて観客席からも排除されるから。観客同士の相互関係って相当、大きいんです。これって映画も同じで、映画館において、映画は暗い中で一人で観ているようでも、やっぱり観客席のみんなで観ているわけです。あの『仁義なき戦い』だって、その時代の感覚の中で観たからこそおもしろい映画だよね。僕もテントで芝居の旅をしながら深夜に封切りを観に行ったんだけど、客席にいるだけで観客が今か

今かと待っているのがわかるんだ。そして映画が始まると、待っていた通りのものが始まるわけだよ！　この瞬間がたまらないよね。僕がレビューを好きな理由も同じで、待ってた通りのものが始まるんだ。いっぽう、演劇はだいたい……。

渡辺　待っていた通りのものは始まらない（笑）。

佐藤　少し待たなきゃいけない。その代わりに舞台は、面倒くさかったりかったるかったりするのがフワッとなくなる瞬間があって、その瞬間は好きなんだけど。

●演劇の記憶は、人の頭の中で肥大化していく（佐藤）

佐藤　僕はこの年齢になって、舞台に立って生きようとする人は、実はそれ自体が演劇の才能なんだと確信を持つようになりました。なぜかというと、演劇をやろうと思う人は必ず演劇で誰かに褒められたことがあるんですよ。あるいは演じることで他人を喜ばせた経験がある。大半の人が演劇をやろうと思わないのは、その経験がないんだよね。だから演劇をやろうと思った人を徹底的に鍛えれば必ずできるし、演劇学校に来た人は、才能的には全く同じだと思う。そりゃ商品として見れば別だよ。でも表現者とはそういうものだと思う。例えば、文章を書く人でも絵を描く人でも、自分でうまいと思うかどうかじゃない。やっぱり誰かに「書いて」と頼まれたりした経験があるんだ。つまり、人との関わりなんだよね。ところが、演劇において人の関わりというのはとても限定的で、広くないよね。

渡辺　その通りです。

佐藤　僕の芝居なんて、50年やってきたけど、実際に観た人は100万人もいないと思う。あとは他人から聞いた話と、肥大化した記憶。

渡辺　はい。その肥大化した記憶というのが、演劇にとってとても大きい。

佐藤　演劇の有利なところはそこですね。僕は映画『YMO PROPAGANDA』（84）を撮ってみて実感したけど、映画は残る。同じ1本のフィルムでも、観る時々ですごく面白かったり、すごくつまらなかったり。時代によって受け入れられたり受け入れられなかったり、ということがある。だけど演劇は、よかった時はただ肥大化していくのみ。

●ポーンと飛び越えて、若葉町を海外で有名にしたい（佐藤）

渡辺　以前、ここの建物をニテヒワークスが活動拠点にしていて、いまは佐藤さんが若葉町ウォーフとしてオープンなさった。若葉町ウォーフができるまでかなり迷われたと思うんですが、場所をここに決めたいきさつは？

佐藤　東京学芸大学の教授を2009年に退官して、そこからずっとこういう場づくりのための場所を探していたんです。最初は東京都内のダウンタウンで探していたのですが、どうもピンと来なかったんですよね。それで横浜に目を向けてここを見に来た時、建物も含めて、探していた場所だなという直感はありました。そこから1年半、経済的な面で悩みに悩んで……でも他を見ても、どうしてもここに戻ってきちゃうんですよ。いわゆる「横浜」って、関内を境にして、みなとみらいや山下公園があるエリアと、下町である関外エリアに分かれてしまっているんだけど、繋げて見ないと本当の横浜は見えてこない。そういう意味では、若葉町はピンポイントな場所なんです。このあたりは過去に青線地帯があったことで地元民にとっても特殊なエリアという認識があるし、大きな商店街があったり外国人が多かったり、すごく不思議な場所ですよね。それで、だんだん迷うこと自体がおかしい気がしてきたんです。だって、ダメになったらやめるだけの話じゃないか。体力的にも気力的にも今を逃すとできないだろうと思ったんです。

渡辺　このロケーションはなかなかないですよね。

佐藤　直感的に「ここは物が作れる」と思ったのね。僕はいつも、こういう場を作る時に思っているのだけど、若葉町の人たちはお客さんじゃないんです。彼らが観に来るのは20年後、30年後でいいんですよ。僕たちが街を意識し続けて、いつか若葉町発の何かを作ることが、僕のいちばんの仕事ですね。若葉町で生まれたとか、若葉町出身の人とか、若葉町ならではとか。若葉町ウォーフの25キロ圏内には、潜在的な観客がたくさんいるし、そこは動かさなきゃと思う。だけど近隣5キロ圏内の人たちは観に来なくてもいいんです。仲間に混ぜてくれるだけでいい。25キロ圏内をきちんとやれば50キロ圏内の人は来る。あとは中間地域はもう問題ではなくて、ポーンと飛ばないといけない。せめてシンガポールまで。若葉町をシンガポールで、もしくはクアラルンプール、ジャカルタ、重慶で有名にする、そういうことを最初の2年間はやりたいですね。……僕は若葉町を発展させたいわけじゃないんです。このままでいてほしい。

渡辺　わかります。

佐藤　このまま街が踏みとどまる、そのために、絶対に若葉町ウォーフのような場が必要だと思うわけです。若葉町ウォーフは劇場であり、スタジオであり、ドミトリーでもある。僕は舞台の上には何もいらないという考え方なので、若葉町ウォーフもニュートラルな空間にしたくて、ニテヒワークスとは違って、真っ白に塗りつぶして申し訳ないんだけど（笑）。

渡辺　いえいえ、清めていただいて（笑）。私が若葉町に惹かれたのは、街に生きるエネルギーが交差しているんですよ。街角に立つ女性たちも生きるために誇りをもって立っている。女性が聖母に娼婦にもなれるという本質が見える場所だと思ったんです。ここで人間として、女優として、女性として、何かが見つかるはずという気持ちが強かったし、それが何か知りたかった。

佐藤　彼女たちにとって今は選択肢がそれしかないだけであって、街が延長線上にあり続ければ、やがてなくなっていくし、もっと違う職業になる機会もあるかもしれない。それは急に街を変えるのとは違います。ただどかしただけでは解決しない。そういう意味で、僕は若葉町ウォーフのドミトリーをアーティスト向けにしたいと思っているんですよ。大阪の西成ですごく感じたのだけれど、新しくきれいなドミトリーができたことによって、それまでドミトリーに住んでいた人たちが排除されるという現象が起きているんです。今まで寝泊まりしていた簡易宿泊所がドミトリーになり、値段は2千円でそれまでと変わらないんだけど、ある種の人々が泊まれる場所ではなくなっていく。そういうのも街の人たちと一緒に考えないとね。ここは劇場じゃなくて、シェアシアターとかシェアスタジオと理解してもらえると嬉しい。みんなが使えば維持できるけど、使わなければすぐ潰れる。そのために、近隣よりもいちばん安いということだけは維持しようと思っています。使用料金は経済効率から出している料金じゃなくて、近隣でいちばん安いかどうかをベースにしているんです。みんなが使えば、また料金を下げることもできる。ただの貸し劇場になったらつまらないので。シェアして共有していって、いつか、世界に若葉町をダイレクトに知ってほしいんだ。横浜市中区の若葉町じゃなくってね。

［2017年6月17日 WAKABACHO WHARFにて］

佐藤信（さとう・まこと）／劇作家・演出家

1943年、東京都生まれ。演劇だけでなく、ダンス、オペラ、人形芝居などあらゆる舞台表現を手がける。66年に串田和美らと劇団自由劇場を設立、同時に西麻布に30坪の劇場「アンダーグランド・シアター自由劇場」をつくり、60年代後半からの小劇場運動の担い手の一人となった。70年に黒色テント68/71（現・劇団黒テント）の結成に加わり、以後20年間、全国120都市で大型テントによる移動公演を行う。80年代からは東南アジアを中心に海外の現代演劇との交流をふかめ、国内・アジア各地で演劇ワークショップを実践。教育にも熱心で2009年までの11年間、東京学芸大学教授を務めた。受賞歴は69年『おんな殺し あぶらの地獄』第4回紀伊國屋演劇賞（個人賞）、03年『ルル』日本ペンクラブ賞など多数。現在は座・高円寺の芸術監督、また個人劇団鴎座を主宰。17年6月、劇場・スタジオ・ドミトリーを併設した「若葉町ウォーフ」をオープン。

渡辺梓（わたなべ・あずさ）／女優

1969年静岡県生まれ。高校卒業後、俳優の仲代達矢が主宰する俳優養成所・無名塾に第11期生として入塾。以来、舞台、テレビ、映画と幅広く活躍している。89年にはNHK連続テレビ小説『和っこの金メダル』でヒロインに抜擢。94年に結婚し、現在は2児の母。女優活動の一方で、2010年、夫で美術家の稲吉稔とともに、ニテヒワークスというアート活動をスタート。横浜市中区若葉町にある古いビルをアートワークでリノベーションして活動拠点とするとともに、アートスペースとして運営。15年には舞台『宮城野』を企画・主演し、ニテヒワークスで上演した。16年には活動拠点を同区内に移転。近作の舞台に『無明長夜〜異説四谷怪談』（12）、『赤い自転車』主演（16）など、テレビに『制服捜査3』（16）、『おかしな刑事15』（17）など、映画に『秘密 トップ・シークレット』（16）、『バケツと僕！』（17）などがある。

WAKABACHO WHARF

横浜、大岡川のほとりに、出会いと、語り合いと、創造、発表、発信のための新しい「埠頭」ができました。町の歴史をいまも語りつづける50年前の魅力的な建物が、劇場(発表スペース)とスタジオ(リハーサルスペース)、そしてホステル(宿泊スペース)を兼ね備えたアートスペースとして再生されました。

WAKABACHO
WHARF

―演劇と映画の狭間で―

自然体の役者人生

interview

西岡德馬

聞き手＝塚田泉　文＝小林幸江
撮影＝海保竜平

舞台、映画、テレビドラマから、最近はバラエティまで活躍する西岡德馬さん。しかし彼は生粋の演劇人である。文学座の入団を足がかりに、蜷川幸雄作品やつかこうへい作品、木村光一の地人会まで、数えきれないほどの舞台に出演し、卓越した幅のひろい演技を見せてくれた。しかし今、西岡さんは「舞台も映像もバラエティも、どれが上なんてことは全くない。来るもの拒まず、何でもあり」だと語る。これは、幼少期のエピソードや舞台裏話を交えつつ、現在に至るまでの役者人生を振り返るインタビューである。

映画館で寝かしつけられた子ども時代

塚田　西岡さんが芸能界に足を踏み入れるきっかけというのが、お父さんに勧められて芸能学校に入ったことだと。珍しいですよね。親に反対されることはあっても、勧められることはあまりない。

西岡　そうそう、うちは普通と逆でね。法政第二高校に通っていたんだけど留年するかしないかの話になって、父親が先生とケンカして「もうこの学校はやめろ、お前はここへ行け」と渡されたのが東宝芸能学校のパンフレットだった。僕は小学校1年から3年までは児童劇団に入って子役をやっていたんだけど、小児喘息があって、長期ロケの間に喘息になっちゃったんだよ。それで撮影に迷惑をかけちゃいけないと思って子役を辞めて、以降は全然芝居をやっていなかったのに、突然父親が東宝芸能学校へ行けと言いだした。

塚田　お父さんは芸能に関心のある方だった？

西岡　芸能に関わっていたわけじゃないけど、遊び人でしたね。芸者遊びをよくして、小唄や都々逸なんかはすごくうまかったと聞いたことがある。僕が小さい頃、父にはよく映画に連れて行ってもらいました。僕は横浜の野毛の生まれで、近所に映画館がたくさんありましたし、その頃に観たのはほとんど洋画。ジョン・ウェインやゲイリー・クーパーの西部劇とかを観たと思うんだけど、僕は幼稚園くらいだから、たぶん親としては僕を寝かしつけに行ってたんじゃないかな。父親は観ていたけど、英語の映画なんて子どもにはちゃんと観られなかったと思うよ。ただ『キング・コング』（33）はおもしろかったのをよく覚えている。映画は母親も好きだったね。

塚田　自分で最初に映画館に行ったのはいつ？

西岡　小学生の時。小学校入学前に綱島に引っ越して、綱島映画という映画館だったかな。最初に行ったときは松竹映画3本立てだった。そこは邦画ばかりかけていたから、洋画を観る時には白楽へ行くか、横浜まで行くか。僕たちの時代はテレビもないし、娯楽といったら映画くらいしかないんですよ。だから映画館はよく行きました。強烈に覚えているのは『七人の侍』（54）。中学に入ると石原裕次郎さんが出てきた。日活でも裕次郎ファンと小林旭ファンに分かれたけど、僕はやっぱり裕次郎さんだった。父親が『嵐を呼ぶ男』（57）を観て、「威勢のいい若者が出てきたな。おもしろいよ」と言ったんだ。だから僕も『錆びたナイフ』（58）とか、裕次郎さんの初期の作品はよく観ていましたよ。

塚田　当時は、いつか自分も銀幕の世界に入っていこうという気持ちは……。

西岡　全く考えてもみなかった。かつて子役をやっていたことは、半分忘れている感じでしたね。

新宿コマ劇場の屋上から走るアベベを見た

塚田　高校生の時に東宝芸能学校に入ったわけですが、芸能学校ではどんなことを？

西岡　東宝芸能学校にいたのがちょうど東京オリンピックの年、1964年。その年に芸能学校の生徒が駆り出されて、新宿コマ劇場に出たんです。榎本健一さん、脱線トリオ、八波むと志さんというようなメンバーで「お笑い忠臣蔵」みたいな舞台でした。討ち入りのシーンで、芸能学校の生徒たちが吉良家の侍として斬られたりする。僕、公演中だった10月10日に五輪のマークを新宿コマ劇場の屋上から見たんですよ。いまみたいに高い建物はないから、新宿から国立競技場が見えたんです。アベベが走っているのも見たし、新宿通りを走っている聖火リレーも見た。

塚田　芸能学校で芝居の道に進もうと決めたのですか。

西岡　芸能学校には、親が行けと言ったから遊びで行っていたんだけど、演技の授業に怖いおばあちゃん先生がいたんです。いつも着物を着て、髪の毛をひっつめにして、当時もう70代か80代くらいじゃないかと思うんだけど。怖い先生なんだ。その先生に「あんた、いい役者になるよ」と言われたの。そのひと言がはじまりでしたね。それから「いい役者ってなんだろう」と考えるようになって、役者になるには高校に入り直して勉強しなきゃだめかと思って、聖ミカエル学院高校に入れてもらったんです。他に行ける学校がなかったし、聖ミカエルはノーテストだったから。そこの校長先生はもともと関東学院にいた方で、うちの父親が関東学院出身だったから校長先生を知っていた。とても温厚な方で、「これからは何かやろうと思った時には、お父さんお母さんが喜ぶことか悲しむことか、それだけを考えなさい、悲しむならなるべくやらない方がいい」と、それしか言わなかった。

塚田　高校3年生として聖ミカエル学院に入り、大学は玉川大学へ進んだのですね。

西岡　大学はどこへ行こうかと思った時、役者や演劇関係の学部は日大か早稲田くらいしかなかったんですよ。それで横浜駅を歩いていたら、パッと「玉川大学芸術学科新設」と書いてあるのが目に入ったの。受けてみたら、「君はあんまり成績が良くないけど、必ず入学すると言うなら補欠待遇で入れる」って電話かかってきてさ。だったらもうここでいいって、決めた。

文学座でなければだめだったね、僕は

塚田　役者としての人生は、映画ではなく演劇からスタートしたんですよね。

西岡　そう。僕が大学を出たのが1970年、映画会社がニューフェイスをとらなくなった時期でした。演劇界においても、俳優座の養成所が桐朋学園になった頃ですね。

塚田　大学卒業後は文学座へ。

西岡　文学座に入る時、玉川大学で4年間演劇の勉強をしていたから、養成所をスキップして研究生に途中編入する試験を受けたらどうだと言われて受けたんです。そのテストに受かって研究生Bクラスで入り、トントン拍子にAクラス、劇団員と進んで、3年目で劇団員になっちゃった。こんなヤツいないってみんなに言われたよ。まあ、たまたま文学座に僕みたいなタイプがいなかったんだね。入った時にそう言われた。

塚田　なぜ文学座を選んだのですか？

西岡　自分では劇団四季や劇団雲を受けようと思っていた。洋物をやりたかったんだよね。雲はシェイクスピアの作品などをやっていたし、劇団四季も当時はまだミュージカルではなく、フランスのアヌイやジロドゥの演目が多かったから。大学でその2つの劇団を受けると言ったら、文学座から来ている先生に「西岡はほんとうはすごく文学座的なんだけどな」と言われてさ。文学座といえば日本戯曲のイメージだったから不思議に思ったんだけど、調べたら、テネシー・ウィリアムズとかイヨネスコとか、アメリカやヨーロッパの作品もやっているとわかったんだ。結局、3つとも受けて、3つ全部受かったの。でも文学座は養成所には来なくていい、Bクラスに編入できるというから、文学座のほうがいいなと思って。

塚田　文学座に実際に入って、いかがでしたか？

西岡　今思えば、文学座に入ってなかったらだめだったね、僕は。

塚田　どういう意味で？

西岡　文学座はね、こうしろああしろと上から命令するような演出家はいなかった。そんなこと言われたら、僕は絶対ケンカしていたと思う。

だから文学座の俳優は、みんなそれぞれ自分で考えるんだよ。稽古が終わると必ず近所の安い店で飲みながら、お前の芝居はあそこがどうだのこうだの言い合ってさ。そうやって飲んでいるのが楽しかったし、そこでいろいろなことを知り始めた。でも、大学で教わったこととは正反対のことやっているなと思ったけどね。大学には岡田陽という、僕からすると演劇の神様みたいな人がいたんです。「そんな品の悪いことはするな」とか「人の芝居を邪魔するな」と何度も言われた。今でも岡田イズムは僕のなかに残っています。ところがいざ文学座に行ったら、品が悪いもヘチマもねえ、奪い合いみたいな芝居をやっている(笑)。でもそれがおもしろかったりするんだよね。

舞台裏で巻き起こった人間模様と、夏目雅子の死

塚田　文学座には10年間ほど在籍されたんですよね。その間、外部でも仕事を?

西岡　ええ、けっこういい役をやりましたよ。蜷川幸雄さんと知り合いになったのも外部出演がきっかけです。蜷川幸雄さんが初めて商業演劇をやったのが『ロミオとジュリエット』で、松本幸四郎(当時は市川染五郎)さんと中野良子さんが主演。僕はロミオの親友ベンヴォーリオという役だった。そこで蜷川さんとすごく仲良くなって、彼の舞台に毎年出るようになったんです。蜷川さんをつかこうへいさんに紹介したこともあります。ある日つかさんが「おい、蜷川と仲いいんだろ、紹介してくれ」って言うから、帝国ホテルの喫茶店で二人を引き合わせたの。つかさんは「蜷川さん、スターを一人つくりませんか」と言ってさ。「僕は今度『サロメ』という芝居をやる。そこであなたの姪御さん(蜷川有紀)が主演する。それはオーディションで3000人のなかから選んでもう決まっている。ついてはこの後の第2ステップが大切なんだ。あなた『ハムレット』をやるんでしょ。そこで姪御さんをオフィーリア役にしてくれ。そうすれば一発でスターが生まれる」と。結局、蜷川さんは断ったんだけどね。そりゃそうだよ、姪だからってオフィーリアにしてくれなんて東宝相手に言えないよ(笑)。つかさんの『サロメ』には僕も出演して、パルコ劇場でやったんです。その頃のパルコはすごくファッショナブルなビルで、メンバーも美術が石岡瑛子さん、音楽は三枝成章さん、音楽監督が酒井政利さんという流行最先端のそうそうたる顔ぶれ。脚本は阿木燿子さんだったんですよ。ところがつかさんは阿木さんの脚本を1ページも使わなかった。阿木さんは稽古を1回だけ見に来て、ウワーッて泣きながら走っていって、二度と帰ってこなかった。降板してしまったの。

塚田　激しい世界ですね……。

西岡　僕のまわりではいろいろなことが起こったよ。夏目雅子さんの最後の舞台『愚かな女』の相手役も僕だった。1985年、日航機が御巣鷹山に墜落した事故があった年。彼女は『愚かな女』が初めての洋物だしセリフもたくさんあるからと、前年から他の仕事を断って万全を期して舞台に臨んでいたんだよ。公演中のある日「西岡さん、私、口内炎がひどくて今日焼いてきたの」と言うので見たら、頬の内側に10円玉くらいの口内炎ができていてさ、「お前、そんなでかい口内炎あるの?」「そうなの」なんて話をして、公演が長丁場だから1回検査した方がいいよって。その後、彼女は検査を受けに行ったんだけど、後日、カーテンコールが終わって帰ろうとしたら、舞台袖でヤダヤダ行かない行かないとやっているんだ。なに騒いでいるんだよと言ったら「西岡さんからも言ってください、病院の先生が元気になる点滴を打ってくれるから行こうと言っているんだけど、雅子が行ってくれない」と。公演の間、劇場の下の喫茶店で演出の福田陽一郎さんと夏目さんと僕の3人で、必ずビール1杯飲んで今日の芝居はどうだったって話をしてから帰るのが日課になってたわけ。それに出られなくなるから行きたくないって言うんだ。「そんなのいいよ、また明日話をしよう、点滴打ってもらって元気になったほうがいい」と言ったら、彼女は、じゃあ行ってくると行ったんだよ。そのまま、それっきり。

塚田　公演の途中で。

西岡　そう。次の公演日、僕がエレベーターで劇場のある9階に向かっていたら、途中階でおじさんが乗ろうとしたんだ。するとエレベーターガールが「どこへ行かれますか」と聞いて、おじさんが「上でやっている芝居のチケットを買いたい」と言うと、彼女は「今日は芝居は満員です」ってドアを閉めちゃったの。9階に着いてから、僕がロビーにいた関係者たちに、今日満員なの?この子がお客さんを帰しちゃったよって言ったら、エレベーターガールがムッとして、じゃあいいんですか乗せて!?と怒ってさ。「いや、止めてくれていいんだ。西岡、お前に話がある」と。実は雅子が病院で極度の貧血と言われて出られないから、今回は公演中止にして夏に再演する、と言うんだ。出演者のなかには、代役を立てればいいだろって怒り出す人もいたんだけど、これは夏目雅子でやる芝居だから、必ず元気になって再演するからって。

塚田　でも再演することはなかったんですね。

西岡　それが1月のこと。僕はその後の5月に『カサノバ'85』という芝居に出た。カサノバ役が石立鉄男さんで、相手役は北原遥子さんというすごくきれいな新人。夏目さんは宝塚を出たばかりの北原さんをものすごくかわいがっていたんだ。ところが8月、北原さんが日航機墜落事故で亡くなってしまった。そして1ヶ月後、夏目雅子さんも旅立った。

徳馬ちゃん、あんた地方区の俳優ばい

塚田　文学座を出ようと思ったのはどうして?

西岡　外部出演をそれ以上してはいけないと文学座から言われたんです。規約で外部出演は年間2本までだと。僕が3本目をやろうとしたらダメと言うから、理不尽だと思って辞めた。1979年に父親が亡くなったので、横浜に帰って弟と家業の印刷屋をやります、もう俳優やめるから劇団を辞めさせてくださいとウソをついたんです。お前が今さら役者を辞めるわけないだろうと言われたんだけど、いや、親父が芝居をやれと言うからやっていたけど、亡くなったからもう辞めますってね。当時、加賀まりこさんと『バタフライはフリー!』という舞台で共演していたんだけど、まりこさんにも「もういいかげん、文学座はやめなさいよ」と背中を押されて。

塚田　芸名を、本名の「徳美(のりよし)」から「徳馬」に変えたのはその頃ですね。

西岡　そうです。文学座を辞めたと同時に「馬」にしたんです。

塚田　何か理由が?

西岡　加賀まりこさんの家で麻雀をやっていたんですよ。そしたらテレビに宇都宮徳馬という代議士が映った。ハト派の参議院議員で、とても穏健な方だった。それを見て、「俺、徳馬に変えちゃおうかな」って。

塚田　そんな軽く……。

西岡　みんなも、いいんじゃない!って。「徳美」って名前は、誰も「のりよし」と呼ばないんだよ。「とくみ」と呼ばれていたから、僕はこの「美」が嫌でたまらなかったの。

塚田　女性っぽいから?

西岡　そう。最悪だったのは、中学校の時、配られた定期券に女性を示す赤線が引っ張ってあったんだよ。カッチーンて頭来てさ。絶対この名前は嫌だって思ったんだ。それで、親父も死んだことだし。

塚田　ああ、名付けた人がもういないから。

西岡　そう、もういいやって思って。本当に嫌だったんだ。

塚田　文学座を辞めてから映画やドラマにも出るようになった?

西岡　そうなんだけど、もう少し先だね。文学座を辞めたあと、声をかけてもらってまず赤坂プロダクションというところに入ったの。そこには津川雅彦さん、朝丘雪路さん、藤岡琢磨さんとか、たくさん役者が所属していたんだけど、僕が入って1年後に、「誘っておいて悪いんだけど解散する」と言われてさ、津川雅彦さんに相談したら、グランパパプロダクションというのを作るから一緒にやろうと言われて、そこに5年くらい。次に所属した方舟というプロダクションでは、僕は芝居がいいから芝居だけやっていればい

いみたいなことを言われて舞台ばっかりやっていた。そのあと、文学座の同級生が立ち上げた伊藤事務所に移った頃に、杉浦直樹さんと飲みに行った店のおやじが「徳馬ちゃん、あんた〝地方区〟の俳優ばい」と言うんだ。東京のコアなところではファンが多いけど、全国に行ったら誰も知らんばい、やっぱり役者は全国区にならにゃいかんって。どうしたらいい？　と聞いたら、テレビに出なきゃ、なかでもNHKに出なきゃダメだと。それで出たのがフジテレビの『東京ラブストーリー』。

塚田　大ヒットドラマ『東京ラブストーリー』で、リカ役・鈴木保奈美さんの上司役をなさって。

西岡　ドラマのプロデューサーがその役を探していた時に、ちょうど僕の舞台を観に来ていたんだよ。僕、フジテレビに呼ばれて「この役やったら電車に乗れませんよ」なんて言われてさ、ずいぶん威勢のいいこと言うなあと思っていたら本当にそうなった。視聴率30％超だもんね。

塚田　そこに至るまでに、西岡さん自身のなかで、舞台以外の活動をしたいという気持ちはなかったのですか？

西岡　あんまりなかった。飲み屋のおやじに言われて、そういうもんかなと思ったの。おやじに「NHKの朝ドラに出りゃ、北は北海道、南は沖縄まで、何千万人があんたの顔見るんだよ。でも東京の舞台に出ても何百人だろ」って言われて。

塚田　実際『東京ラブストーリー』で全国区になったときにはどうでした？

西岡　それによって他の仕事がどんどん来たから舞台は少し休もうと思って、3年間やりませんという宣言して、舞台以外の仕事を1日3本ぐらいやった。来るもの拒まず。

塚田　どうしてそんなに？

西岡　まずは認知されなきゃだめだと思って。そのためにはいっぱい出たほうがいいから。そうやって映像の仕事をやり出したら、芝居が全然

映画『関ヶ原』｜『危険な戯れ』1987 地人会｜『旦那さまは狩りにお出かけ』1989 地人会

違うんだな、と分かって。

塚田　その後、舞台への出演は？

西岡　宣言していた3年が過ぎたら、舞台も年に2本はやろうと決めていたからね。でも年に2本を30年続けても、60本しかできないんだよ。戯曲は。世界中に無数にある戯曲の中から60本しかできない。

塚田　演劇と映像では、それぞれに演じるおもしろさが違う？

西岡　両方やると、どっちもおもしろいよ。映画は監督がOKと言えばOKなんだよね。

塚田　映画は監督のものだと。

西岡　うん。例えば最近『俺節』という舞台に出たんだけど、東京公演25回のうち、自分としてOKを出せたのが3回くらいしかないシーンがあるんだよ。映画の場合、そういうシーンの本番で、自分としては今のはちょっと……と思っても監督がOKを出してしまえばそれで終わり。そしてそれが映像として永久に残ってしまう。いっぽうで演劇の場合は、観客全員が監督になれる。というのも監督（＝観客）は舞台のどこにフォーカスを合わせたっていいんだよ。主役を見ずに、ひとりの女優さんだけ追いかけていても、それはその人にとって女優のアップが続いているシーンなわけ。でも映画だとフレームに映っていない人はいないも同じでしょ。だから映画は監督のもので、演劇はお客さんのもの。お客さんが観たくなかったら目をつぶって聞いていてもいいし。それに、舞台というのはやっぱりライブだから、その日その空間でないと生まれない。舞台も撮影してDVDになることはあるけど、空気感はその場にいないと感じることができない。

70歳を超えて、これからは何でもありよ

塚田　最近ではハミングのCMで小島よしおさんのギャグ「そんなの関係ねえ」を披露なさっていますよね。その前には、昨年末『ダウンタウンのガキの使いやあらへんで!!絶対に笑ってはいけない科学博士24時！』での〝乳首ドリル〟が話題になりましたけど、ハミングCMはその流れですよね。

西岡　ビックリするでしょ(笑)。

塚田　乳首ドリルは、乳首に棒をグリグリ押し付けるという吉本新喜劇の鉄板ギャグ。まさか西岡さんが『ガキ使』で乳首ドリルを、しかも全力でやるとは……どういうつもりだったんですか？

西岡　『ガキ使』の「笑ってはいけない」シリーズは年末番組でさ、大晦日、みんなで酒を飲みつつ笑いながら観るものでしょ。だから今年も皆さんに感謝いたします、ありがとうございましたという気持ちでやった。「今年もお疲れさまでした」みたいな感じ。だって2〜3時間も経てばお

正月なんだから。そしたらハミングが便乗して（笑）。

塚田　ハミングでも完コピぶりが素晴らしかったです。

西岡　もう去年70歳になって、親もいないし、怖いものがない（笑）。昔は、聖ミカエル学院の先生の話じゃないけど「こんなことしたら親兄弟がどう思うかな」と考えることはあったよ。女性を襲って殺される役とかさ。でも、もうこの年齢なんだし、なんでもやってやれ！　ってね。今は何でもありよ。

塚田　ここまで話題になると、どんどんバラエティ関係の仕事も舞い込んでくると思いますが、今後は演技とバラエティと、どうバランスをとっていきたいと考えていらっしゃいますか？

西岡　どうしますかねえ。でも僕は、基本としてきちんと舞台をやっていれば、あとはいいと思うんだよ。別に俳優を辞めてバラエティ専門になるわけじゃないんだから。言ってみれば、バラエティも俳優も全てパフォーマンスじゃないですか。パフォーマーは何をやってもパフォーマーで、僕のなかでは全部並列になったんだ。70歳を過ぎて。バラエティより舞台のほうがステイタスが上とか、文学的なことや小難しいことのほうが偉いという気持ちは、ない。

塚田　舞台と映像を比べるとどうでしょうか？

西岡　舞台と映像は、どちらが上とかいうことよりも、最初は表現方法の違いに驚いた。映像仕事で「おいおい、芝居が大きすぎるとフレームから外れちゃうよ」と言われても、昔はフレームがわからなかったもんね。あとは「ちょっとオーバーすぎる」とか「そんなでかい声出すな」とも言われた。最近の映画を観ていると、若い俳優は「これは相手の俳優にちゃんと聞こえてんのか？」と不思議に思うくらい小さい声でブツブツ喋っているけどさ。この間、藤原竜也くんも同じこと言ってたな。「徳馬さん、最近の若いヤツはね、小っちゃい声でブツブツ言って、まず俺に聞こえねえよ！」って（笑）。でも映像ではそのほうが自然だと言われるんだよね。目の前にいる僕に聞こえなければちっとも自然じゃないと思うんだけども（笑）。

塚田　今年8月に公開される映画『関ヶ原』でも、あまり大仰な芝居はしないでと監督に言われたそうですが。

西岡　そうそう。監督が原田眞人さん。オファーをいただく前に、僕が原田さんの映画を観て思ったのが、とにかく俳優がすごくうまく見えるんだ。この俳優、こんなに芝居うまかったっけ？と思う作品の監督を見てみると、また原田眞人だっていうのが2、3本続いたの。だから俳優に注文つけるのが上手い監督なんだろうなと、いっぺん一緒にやってみたいと思っていた時に『関ヶ原』の話が来たんです。

塚田　実際、原田監督の演出はどうでしたか？

西岡　原田さんは僕の舞台を観てオファーしてくれたらしい。その舞台もちょうど時代劇だったの。でも難しいんだよね、原田監督からの注文が。時代劇で早くセリフを言うのってすごく難しいんだ。しかもたっぷりためて言うんじゃなくて、ナチュラルにって。やってみたらそれでいいですってOK出たけどね。確かにマイクがかなり近くまで来るから、大きな声は出さなくてもね。

塚田　舞台と映像、どちらが好きということはない？

西岡　両方おもしろいですよ。質が違うから比べようがない。両方ともやっていきたいし、若い人たちが喜ぶようなバラエティもやっていきたいよね。

［2017年6月20日　渋谷スタッフ・ポイントにて］

西岡徳馬（にしおか・とくま）／俳優

1946年、神奈川県生まれ。法政第二高校中退し東宝芸能学校へ。その後、聖ミカエル学院高校へ編入し卒業。玉川大学文学部芸術学科演劇専攻卒業後、70年に劇団文学座へ入座、79年退団。舞台を中心に活躍していたが、舞台『幕末純情伝』を観ていたプロデューサーから声がかかり、91年にフジテレビの大ヒットドラマ『東京ラブストーリー』に出演。以後、映像でも幅広く活躍している。2012年には自身が主宰する俳優スクール「レッドホースヒルズ」を開校。近年の主な出演作に、舞台は16年『スルース～探偵～』（深作健太演出）、17年『俺節』（福原充則演出）など。映画は15年『アゲイン 28年目の甲子園』（大森寿美男監督）、16年『HiGH&LOW』（久保茂昭監督）など。テレビドラマにTX『告解者』、NHK連続テレビ小説『べっぴんさん』（ともに17年）など。現在NTV「過保護のカホコ」に出演中。また17年8月には映画出演最新作『関ヶ原』（原田眞人監督）が公開予定。

こども映画教室は、代表の土肥悦子氏が
2004年に金沢で始めた
「こども映画教室」が前身となっています。
映画の仕組みを分かりやすく体験する
ワークショップ（以下WS）や、
様々な名画の鑑賞を通じ、
次世代の文化を担う想像力豊かな
子どもたちの育成をはかってきました。
2013年からは活動拠点を東京に移し
任意団体「こども映画教室」として
全国へその活動の場を広げています。
「こどもと映画のアカルイミライ」という
スローガンを掲げた活動は、主に三つ。

一つ目は、子どもを対象にした映画に関するWS。
ピンホールカメラなどの視覚玩具を
工作する〈視覚工作WS〉や、
映画を鑑賞し、鑑賞作品をテーマにした
図画工作の発表をする〈鑑賞WS〉、
講師に一流の映画監督をお迎えし、子どもたちが
映画制作を行う〈制作WS〉があります。
二つ目は、そうしたWSを、
学校や児童館、地域の団体の要請に応じて、
映画人を派遣したりプログラムを提供する、
WSのコーディネイト。
三つ目が、シンポジウムの開催。
一年に一度、教育関係者や映画研究者と共に、
WSの現場とのフィードバックを行いながら、
パネルディスカッションを行っています。

TIFF
ティーンズ映画教室
2017
開催決定！

子どもが映画と出会うとき

構成＝沼田梓

こども映画教室とは?

interview

土肥悦子

（こども映画教室代表）

子どもが映画と出会うとき

映画にとって子どもの参入は重要な問題であり、子どもにとって映画は不可欠なものである。
いま注目を集めている「こども映画教室」の代表、土肥悦子さんは、石川県金沢市のミニシアター・シネモンドの代表でもあり、さらに以前は渋谷のユーロスペースで作品の買い付けや宣伝を担当していた。本人の言葉を借りると「考える前に走り出す」人である土肥さんは、どのような子ども時代を経て映画に出会い、そしてこども映画教室を企画するに至ったのだろうか。土肥さんの活動とその経緯を尋ねてみたい。

聞き手＝小笠原正勝＋梶原俊幸　文＝小林幸江　撮影＝助川祐樹

長い休みは山小屋で過ごした

小笠原　「子どもと映画」というテーマは常々考えていたことで、ようやく取り上げることができました。いま子どもたちはすでに完成され整ったものに囲まれて育っていて、自分の手で何かを探したり壊したりものを作り出すということに馴染まない状況にあると思います。映画にとっても、子どもの感性の豊かさを映画に反映させることはとても重要です。子どもと映画についてはもっと考えていかなくてはならない問題だと思っています。

梶原　そこでまずは土肥さんがどのような子ども時代を過ごしたかうかがえますか。子どもの頃の経験が、どう映画に結びついていったのか知りたいです。

土肥　私は3人兄弟の真ん中ですが、下の妹とは9歳離れています。なので幼少期は末っ子として育った典型的な甘えん坊でした。1歳までは名古屋で暮らし、その後は東京の団地で育ちました。いきなり話が飛びますけど、『人生フルーツ』(17)に土肥教授という人が登場しますが、あれが父です。父は建築家で、団地の建築や都市計画などを手がけていて、最後は神戸芸工大の学長でした。母は教師でしたが、子どもひとりを育てるほうが面白いと言って、妹が生まれた時に専業主婦になりました。両親ふたりとも山岳部だったので、春休みも夏休みも終業式が終わると両親が車に荷物を積んで待ち構えていて、休み期間は全て山小屋で過ごしたんですよ。雨が降ったら読書や宿題をし、晴れたら山歩きをして川でダムを作って遊びました。すごく楽しかったですね。私のなかにある「子どもは頑丈にできているから大丈夫」という感覚は、そういう子どもの頃の体験からきているかもしれません。

梶原　豊かな子ども時代を過ごされたのですね。中学生や高校生の頃は?

土肥　その頃はもう山に行くことはなくなっていましたね。中学受験をして東京の中学校へ通っていましたが、中3に上がる時に父の仕事の都合で転校し、茨城県つくば市に引っ越しました。親が、映画は不良が観るものと考えていたので、映画に関連するものはあまり見たりできなかったのですが、私自身は映画が好きでたまにテレビで観ていました。映画を好きになったきっかけはジェームス・ディーンです。中学生の頃、『エデンの東』(55)のポスターを新宿の路上で目にしてジェームス・ディーンに惚れ込んで、お小遣いを貯めてアルバム本を買ったり、どこかにジミーはアンドレ・ジッドの小説「狭き門」が好きだと書いてあったので一生懸命読んだりしていました。初めて動いているジミーを観たのは高校生の時で、土浦の映画館で『エデンの東』と『理由なき反抗』(55)が2本立てで上映されると聞き、学校をサボって行きました。現在のように入替え制ではなかったので朝から晩まで交互に何回も観ましたね。ジェームス・ディーンが動いている、というだけで感動して泣きました。当時はビデオテープやDVDがなかったので、映画好きな人はラジカセで音を録ったりしていまして。

梶原　映画の音を録るんですか。

土肥　ラジカセだから映像は録れないんだけど、どうにか自分の手に残したいわけですよ、だから音を録る。あるとき、『エデンの東』が筑波大学のホールで上映されると知って、ラジカセをバッグに隠し持ってバスに乗って行きました。映画が始まったところで録音ボタンをガチャッと押すんだけど、映画が長いから途中でテープが止まってしまうんですよ。それでもテープを裏返して録音を続けて、途中で観客の誰かが缶を落としたカランカランという音が入っていたりして。家に帰ってから何回も聞いてセリフを覚えました。一生懸命な時期でした。当時は映画スターばかり見ていて、映画監督には目が向いていませんでしたね。

デートはいつも任侠映画。ボーイフレンドが教えてくれた〝映画とは何か〟

土肥　大学生になり「映画を創る会」という映画サークルに入りました。ボーイフレンドが、蓮實重彦さんや山根貞男さんの本をたくさん持っていて、映画と言えば映画スターしか知らなかった私に映画とは何かを教えてくれました。その教え方というのが、新宿昭和館や浅草国際劇場で東映ヤクザ映画を延々と見せられたんです、デートなのに。のちに山根さんに「その教え方は素晴らしい」と言われましたけれどね。その後、松田聖子が出ている澤井信一郎監督の『野菊の墓』(81)に誘われて「なんで?アイドル映画じゃん」と言ったら、「いや、これが任侠映画なのです」と言う。おかしいなぁと思いつつも観に行くと、それまでさんざんマキノ雅弘作品を観ていたせいか、言葉では表せないのだけれど、彼の言っている意味が分かったんです。なぜヤクザ映画と聖子ちゃんの出てくる映画が同じなのか彼に聞いて、澤井監督がマキノ監督に師事しているということを知り、初めて「映画をつくる人」という視点を理解しました。

梶原　映画を仕事にしようと思ったのは就職活動のタイミングですか。

土肥　いつか映画の仕事をしたいとは思っていたので、大学時代にキネカ筑波という映画館でアルバイトしていたのですが、就職する時期になってもモラトリアムに過ごしていました。フランスに留学したいと思って、おばあちゃんの家に居候しながらアルバイトでお金を貯めつつ、水道橋にある語学学校アテネ・フランセに通って、留学したのが87年。でも実は、新卒の時に1社だけ就職したくて連絡した会社があって、それがフランス映画社です。電話に出てくださったのが齋藤敦子さん。「うちは新卒は１２０％採らない」と言われました。だけど私は全然へこたれず「新卒が入れないなら今年は諦める、でもどんなお仕事なのか話を聞きたい」と食い下がったんです。それで敦子さんと喫茶店で話をして、彼女もフランスに留学している時にキネマ旬報やシティロードに文章を書いていて、その文章がフランス映画社の柴田駿さんの目に止まって入社が決まったと話してくださったんです。

梶原　フランス映画社に入っていたら、また全然違っていたでしょうね。

土肥　違ったでしょうね。結果的に、私はユーロスペースで堀越謙三さんの下で働けて本当に良かったと思っています。

もうこうなったら フランスに渡ってしまおう

梶原　フランスに留学したのは映画を勉強するため?

土肥　そうです。でも情報が全然なかったから、日本でいろいろな人を紹介してもらいました。アテネ・フランセでフランス語を学びながら、附属の文化センターへも通っていたので、まずそこの先生に「フランスで映画の勉強をしたいので誰か紹介してくれ」と言って紹介してもらったのがアテネ・フランセの松本正道さんでした。松本さんが、フランスから帰ってきたばかりの武田潔さんを紹介してくれて、武田さんに「フランスで映画を学ぶのにいい大学を教えてほしい」と尋ねたら「給費学生になる気はあるか」などと聞かれまして、私は勉強が嫌いだからそこまでしたくないと思っていたら、武田さんは呆れながら、現在は日芸大映画学科の教授をしている古賀太さんを紹介してくれたんです。早稲田の喫茶店で古賀さんに会うと、パリのサンシエにあるパリ第三大学を卒業したと教えてくれたので、私もそこに入ろうと決めました。また松本正道さんが、当時映画ジャーナリストだった吉武美知子さんも紹介してくれました。フランスに行くなら吉武さんを訪ねてみたら、と言われて、もうこうなったらフランスへ行ってしまったほうが早いと思って、学期の途中でしたけどフランスへ渡って。

梶原　すごい行動力ですね。

土肥　考える前に走り出しますから(笑)。最初からパリへ行くと映画ばかり観てフランス語の勉強をしないだろうと思ったので、まずは南仏のモンペリエにあるポール・ヴァレリー大学で半年間フランス語を勉強してから、サンシエのパリ第三大学の修士課程に入学しました。モンペリエにいる間に吉武美知子さんに会いに行きました。忘れもしませんけれど、パリのポンピドゥー・センター前のカフェでお会いして、お互い話が2時間止まらず、彼女のことが大好きになってお手伝いがしたいと思ったんですね。アルバイト代を払える状況ではないと断られたのですが、吉武さんは日本から映画関係者が来るたびに私も呼んでくれたんです。働き口としてユーロスペースを斡旋してくれたのも吉武さんで、フランス語ができる映画狂を探しているから推薦しておいた、と言われたのですが、私は映画狂ではないんだけど……と思っていました。それから吉武さんは収入のめどがついたから私のところで働かないかとも言ってくださいました。もちろん働きたいと言ったら、じゃあユーロスペースに行くまでの間は私のところで働きなさいと。ユーロスペースへ行くとは言ってなかったのですが（笑）。ある日、ユーロスペースの堀越謙三さんがベルリン映画祭に来たついでにパリへ寄るということで、初めて堀越さんに会いました。

梶原　それはいつのこと？

土肥　87年2月にフランスへ渡り、89年の2月に堀越さんに会いました。ロングコートを着ていらして、背が高くて頭が小さくて、なんてかっこいいんだろうって（笑）。堀越さんの美学を聞いてグッと来てしまったんです。つまり、年間6本の映画を配給するとして、最初の2本が黒字になって次の2本がトントンなら、最後の2本が赤字でもいい。赤字になる2本のために他の4本をやるのだという話を聞いてかっこいいなと思ったし、レオス・カラックスやヴィム・ベンダースといった新たな才能を発掘して初期作品を配給しても、やがて監督が有名になると大きな配給会社へ移ってしまうけれど、それでいいのだと。監督のためには自分たちのような小さな会社で配給するよりも、大きな配給会社で扱ってもらえるほうがいいのだという考えを聞いて、なんて素晴らしい考え方だろうと思ったんです。それでユーロスペースで働くことを決めました。その5月に、堀越さんにカンヌ映画祭に誘っていただいて、修士論文の真っ最中でしたけれども論文を放り出して初めてカンヌ映画祭に行き、朝から晩まで映画を1日6本、13日間観続けました。

やりたいことを好きなだけできた ユーロスペース時代

土肥　6月中旬に日本へ帰国してユーロスペースで働き始めたのですが、会社がとても暇な時期でみんな漫画を読んだりしていたので私は焦るわけです。周りの人に何かお手伝いすることありませんかと聞いて回っていたら、ある日堀越さんに「そういうことはやめてくれ」と言われて。どういうことか聞いたら、それじゃアシスタントになってしまう、やることがないなら漫画でも読んでいて、と言われてカチンときて「遊ぶために日本へ帰ってきたのではありません」と言い返したんです。すると堀越さんが、ジャック・ドワイヨン監督の『恋する女』（87）を配給するからプレスを書いたら、と。僕は仕事のことは何も教えられないから、映画のことは村山匡一郎さんと西嶋憲生さんと出口丈人さんに聞け、宣伝のことは寺尾次郎さんに聞けと言われ……いま思えば豪華なメンバーですよね。見よう見まねでプレスを書いて西嶋さんに送り、全部直されて返ってきて（笑）。

梶原　いろいろな人に鍛えられたのですね。

土肥　当時の宣伝マンは女性が多くて、飲み会

で取引先に口説かれることもよくあった時代です。ありがたかったのは、堀越さんは「そういう時は会社のためなんてことは考えなくていい」とおっしゃいました。働く環境としてはとても良かったです。私が初めてブリジット・バルドー特集上映の企画を出した時もそうでしたけど、堀越さんに否定されたことは一度もありません。どんなものでもやればいいと言ってくださいました。ただし、やると言ったからにはスポンサーを探すのも自分。やりたいことがたくさんあったので、好きにやらせてもらえたことはとても贅沢でしたね。堀越さんは良いとも悪いとも言ってはくれないので、当時はもっと指導してほしいという気持ちが強くて不満に思っていましたけれど、いま思えば恵まれていました。やりたいことを自由に……って、こども映画教室みたいですよね。

梶原　名匠アッバス・キアロスタミ監督作品を日本で初めて配給したのはユーロスペースで、それは土肥さんの仕事だったと聞きました。

土肥　山形国際ドキュメンタリー映画祭でキアロスタミ監督の『クローズ・アップ』（90）が上映されて大きな噂になった後だったので、オファーを出した会社は他にもありましたから、すごく頑張ったのを覚えています。セールスカンパニーのセルロイド・ドリームズの社長にどうしてもユーロスペースでやりたいと直談判した甲斐もあって、キアロスタミ作品はずっとユーロスペースで配給しています。

梶原　配給権の交渉は土肥さんご自身がなさったのですか。

土肥　そうです。宣伝はずっとやっていましたが、買い付けは初めてでした。セルロイド・ドリームズ社長のヘンガメ・パナヒさんはキアロスタミ監督と同じイラン生まれ。その頃、多くのイラン人が日本へ出稼ぎに来ていて、差別的な扱いを受けていました。私はパリで暮らしていた時に、フランスにおける日本人の扱いが映画を通して変わったこと——黒澤明の『羅生門』（50）がヴェネツィア映画祭で受賞してから日本人が敬意を持たれるようになったと聞いていたので、キアロスタミ監督の作品を日本で働くイランの人たちに見せたい、きっと誇りに思うはずだということを、すごく熱心に語ったんです。そうしたらパナヒさんがあなたの熱意に賭けましょうと配給権を売ってくれました。92年のカンヌ映画祭で買い付けて、ユーロスペースで公開したのが93年。『友だちのうちはどこ？』と『そして人生はつづく』の2本同時公開でした。

梶原　ユーロスペースには何年いらしたんですか？

土肥　89年から95年まで、6年半です。

「とにかくやってみよう」。こども映画教室の始まり

梶原　そのあとご結婚されて金沢に移られたのですね。金沢で映画館「シネモンド」をオープンなさって、やがて「こども映画教室」を始められるわけですが……。

土肥　シネモンドが経営的に苦しかった時に、コミュニティシネマという考えを知って、シネモンドを公設民営にしようと思い立ち、行政に掛け合いました。地方でもメジャー映画だけでなくさまざまな映画と出会うチャンスがあってほしかった。その時に公設民営の映画館とはどうあるべきか考えました。地域のためになる映画館って何だろうと考えていたら、「子ども」というキーワードがポンと出てきたんです。

梶原　その時、土肥さんのお子さんは？

土肥　上の子が小学校へ上がるか上がらないか。自分にそういう年齢の子どもがいたというのは大きかったですね。もとから子ども好きというわけではないので、そのタイミングでなければ子どもというキーワードは浮かんでこなかったと思います。子どもをテーマにして何をやるかという時に『１００人の子供たちが列車を待っている』(90)を思い出しました。チリで貧しい子どもたちに映画教室を開くドキュメンタリー映画です。ビデオテープを取り寄せて、作中の授業を書き起こして、そのままやってみることにしました。とにかくやってみようという感じでスタートしたのが２００３年。毎週は無理だから隔週で、やっては修正して次の回に反映して……を繰り返して、とりあえずワンクール。終了後に周りの意見を聞いたら、隔週はしんどいので夏休みなどに短期集中してやりたいというので、次の年は夏休みと春休みに企画を立てたんです。ただ私はその間がもったいなく感じたので、せっかく劇場があるのだからと毎月１週間、朝いちばん早い枠に『お早よう』(59)など子どもに見せたい映画を上映してみんなで観るという鑑賞ワークショップを入れ込みました。

梶原　子どもを定期的に映画館へ導く活動はフランスでもありますね。

土肥　そうです、フランスだけではなくベルギーでも、ヨーロッパでは多くの国がやっています。その鑑賞ワークショップがブラッシュアップされて、いまの形につながっています。金沢のこども映画教室には初等クラスと中等クラスがあって、初等クラスではピンホールカメラなど視覚玩具を工作するワークショップを行ないますが、その時「作る」とともに必ず「観る」もやるのです。例えばリュミエール兄弟の『ラ・シオタ駅への列車の到着』を見せて、「昔の人は列車を見てなんて思っただろうね？」と聞くと子どもから「乗ろうと思った！」という答えが返ってきたりする。ワークショップを続けるうち、私がどうしてもやりたくなかった映画の制作をスタートすることになりました。

子どもは機械にこだわらない、という発見

梶原　映画の制作はやりたくなかった？

土肥　ずっと映画をつくることはしないと私は言っていました。ボタン一つ押したらできてしまうようなことは小学生には必要ないと思っていたんです。やりたい子は中学生になってから勝手にやるだろうし、機械にばかり興味が向かうことを敬遠していました。でも２００７年に中江裕司監督がいいじゃんやろうと言うので、私はこうやって撮るんだと教えるようなことはしたくないと言ったら、中江監督も同じ考えで、子どもたちが自由に撮ることをサポートしようと一致したんです。それで初めて子どもたちに映画を撮らせて、出来あがった作品が『I Love You』です。名作で、すっごく面白いのでぜひ一度観ていただきたい。

梶原　どんな作品なのですか？

土肥　ドキュメンタリーで、子どもたちが美術館でカップルを探してインタビューを撮ってくる。いろいろ質問するんだけど、最後に必ず聞かなくちゃいけないのが「ふたりはキスをしたことがありますか？」と「今ここでキスしても

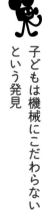

らえますか？」。大人は隠れていて、子どもだけで大きなカメラとマイクと三脚を抱えてインタビューに行くのですが、『I Love You』には本当に幸せなものしか映っていないんです。壊れそうなカップルは断るので。子どもにインタビューされても構わないカップルだけが答えてくれて、いつどこで知り合ったのかインタビューしていって、最後の質問でカップルは動揺するんだけど、それを子どもがカメラで捉えていて素晴らしかった。『I Love You』を観て、やっと、子どもは機械に拘泥しないんだと分かりました。

梶原　撮影に臨む前、子どもたちにはどのようなことを伝えましたか？　もしくは、何も伝えなかった？

土肥　私ともう一人の大人をカップルに見立ててインタビューしてごらんと言いました。子どもたちが名乗りもせずに質問してくると、感じ悪いから行きましょうと立ち去ったりして、こうしなさいとは教えないけれど、どうもこれではまずいということを子ども自身がわかるように練習してから撮りに行きました。そうすると、道行く人がインタビューをちゃんと受けてくれるわけです。撮ったものを持ち帰ってみんなで観ると、暗かったり揺れていたりするので、子どもたち自身が次は三脚を立てようとか、明るいところに連れてくればいいんだ、とかアイデアを出してどんどん上手くなっていきました。たった2日間なのに子どもたちの成長が目覚しかったんです。

梶原　子どもたちが自分で発見していくのですね。

土肥　その時は初めてだったのでまだ大人の決めた枠組みが多かったのですが、現在は子どもたちにもっと自由にやらせています。

「青い扉、木の扉……監督は扉が好きなのかな？」

梶原　映画を「観る」ワークショップではどんなことをするのですか？

土肥　鑑賞ワークショップでは、観終わった後にみんなでじっくり話をします。以前、ある小学校の生徒100人がバスに乗って『友だちのうちはどこ？』を観に来ました。主人公の男の子が、友だちのノートを間違えて持ち帰ってしまうのだけれど、このノートがないと友人は退学になってしまう。だから友だちの家を探しに行くという話です。上映前、子どもたちに世界地図を見せてイランはここだよ、主人公はみんなと同じ10歳の男の子だよ、映画に出ている子は映画に出るのも初めてだし映画館にもあまり行ったことがないんだよ、とだけ伝えました。上映が終わってから、友だちのノートを持って帰ってきてしまったと分かった時の主人公の顔を覚えているかと聞くと、みんな覚えているんです。その時主人公は何を考えていたと思うか聞くと、ヤバイとかマズイとか出てくるわけです。実はこのシーンで監督は主人公に365+172+……って暗算しろと言っていたんだよと種明かしすると、子どもたちは騙したとかサギだとか騒ぐので、「だけど監督はここで真剣に考える姿が欲しかったんだよね」と伝えてみる。キアロスタミ監督は「映画の半分は監督たちが作るけど、残りの半分は観る人たちが作る」と言っているんだよ、と。そのシーンで主人公は必死で暗算しているんだけど、彼が困っているという場面をつくったのはみんなだよ、と言うと、子どもたちは映画監督ってすごいんだ、と言い出す。映画監督というひとが何をしているのか理解しはじめて、きっと同じようなことを他にもいっぱいやっているに違いないと勘ぐったりする。なかには感想文に「扉がいっぱい出てきたけど監督は扉が好きなのかな」と書く子もいて、青い扉、鉄の扉、木の扉……と登場した扉が全部書き出してありました。こうやって観る子もいるんだなと感心しました。

梶原　土肥さんは常に走り続けているように見えますが、これからはどうなっていきたいとお考えですか。

土肥　まず、東京国際映画祭からのオファーをいただいて、今年の夏に初めて中学生を対象とした映画制作ワークショップを開催します。ずっと中学生を対象にしたワークショップもやってほしいと言われていたので、中学生という多感な時期の子どもたちにも必要とされている気がしているんですよね。それから、選ばれた子だけでなくすべての子どもにおいて、映画を通して自信が持てるということが起こるといいなと思っています。これは公立の小学校で映画教室をやった時に痛烈に感じたのですが、親御さんがこういうことに全く興味のない子どもがクラスに何人かいて、その子たちの変わりようがすごかったんです。私が見ていたのはごく短期間でしたが、その後、担任の先生にも映画教室によって子どもたちが変わった、意欲的になったと言われて。それは映画教室の時に周りから認めてもらったからだと思うという話を聞いて、こういうところでこそやりたいと思いました。

梶原　映画教室で自信をつけることが自己肯定につながっていくんですね。

土肥　そうです。子どもたちが映画と出会うと、自分自身を認めてあげられるということが本当に起こるんです。こども映画教室は全国各地からオファーをいただくのですが、基本的に私一人で回していてスタッフが少ないし、いまのやり方では同時多発的な開催はできない。だからシステムを見直す時期に来ていると思います。私がいなくなった後もこども映画教室は続いてほしいですから。

梶原　土肥さんにとってこども映画教室という活動は、子どもそのものに向かっているというよりも、子どもを通して映画に繋がっているという感覚なのでしょうか。

土肥　軸足は映画のつもりですが、最近は人間教育のほうにも傾きつつあります。青山学院大学でワークショップデザインを教えていらっしゃる苅宿俊文先生に、こども映画教室のやり方が下手すぎるとずっと言われていて、何のためにやっているのかすぐ答えられるかと問われて「映画の……」と答えようとしたら、映画じゃないでしょう、子どもの幸せのためでしょうと一刀両断されたのですが、3年前は、とてもそんなことは言えないと思っていたんです。もともと私の想いとしては、映画を知ってもらいたい、映画がその子にとって特別でキラキラしたものであってほしいという気持ちだったのですが、本当にここ最近は、子どもがこんなにも変わっていくということは、映画がどうのこうのよりも大きいことじゃないかと思うようになってきました。子どもに映画という種を蒔き、その子が映画に何か救われることがあるとしたら素晴らしいですよね。苅宿先生に、子どもの幸せのためだと即答できなければ学校組織に入り込むのは難しいよと言われ、その時はおいそれとは口にできなかったけれど、今は……それだけが目的ではないけれど、大きな目的の一つになってきたと言えますね。

［2017年6月8日　世田谷区東玉川の自宅にて］

土肥悦子（どひ・えつこ）

シネモンド代表。金沢コミュニティシネマ代表。ワークショップデザイナー。1989年ユーロスペース入社。買付・宣伝を担当。アッバス・キアロスタミやレオス・カラックス作品を担当する。『そして映画はつづく』（晶文社刊）企画・翻訳。98年金沢市に「シネモンド」を開館。03年「金沢コミュニティシネマ準備委員会」（現金沢コミュニティシネマ）を立ち上げる。04年から金沢で「こども映画教室」をプロデュース。11～13年東京新聞「言いたい放談」にて隔週でコラムを執筆。12年アミール・ナデリ監督『駆ける少年』配給・宣伝を手がける。同年青山学院大学社会情報学部ワークショップデザイナー育成プログラム修了。13年東京で任意団体「こども映画教室」を立ち上げ、その活動を横浜、川崎、世田谷、福島、弘前、八戸など全国に広げている。

子どもが映画と出会うとき

座談会

こどもと映画のアカルイミライ

長井仁美●大川景子●奥定正掌●深田隆之
司会［構成・文］＝沼田梓
本誌＝小笠原正勝

こども映画教室とは？

沼田　本日は、こども映画教室のスタッフを務める長井仁美さん、大川景子さん、奥定正掌さん、深田隆之さんの4名をお招きして、「子どもが映画と出会うとき」というテーマでこども映画教室について座談会を行いたいと思います。

まずはじめに、皆さんの中でどなたが一番長いんでしょうか？

深田　それはもう、長井さんです。重鎮。

長井　6〜7年前から関わっています。以前、小・中学生向けのメディアリテラシー教育を行う会社に勤めていた関係で、こども映画教室の存在を知ったんですね。初めての参加は、まだ教室を金沢で開催していた2010年でしたが、そのときに、今日のテーマですが、子どもと映画の出会いが豊かになるようなこども映画教室のアプローチを知って。私はすごくそのアプローチが好きだなと思って、それから年に一回、金沢のワークショップ（以下WS）にお手伝いに行くようになったのがきっかけです。

大川　私も同じで、2010年の金沢から。その時の講師が諏訪敦彦監督で、前年の作品『ユキとニナ』に私も編集アシスタントで参加していて、WSでこの作品を扱うというので、諏訪監督側からの映画教室のスタッフとして参加しました。当時は、講師になった監督のスタッフが頼まれて臨時でお手伝いに来るというのがよくありました。私は長井さんと同じチームで。とにかくもうくたくたになった三日間でしたね。

奥定　それは僕も一緒。三年前かな？　こども映画教室が青森の弘前市で行われたときに、その時の講師が横浜聡子監督で、横浜組からのスタッフとして、何も知らずについていったというのが始まりです。はじめに話だけ横浜さんから聞いた時は、結構、疑いを持っていました。「こども映画教室」っていうことで、「こども」は分かると。子どもと映画の親和性はすごく強いというのは感じていたし。ただ「教室」となると、映画で子どもを教育するって何だ？　と思って。けれども最初の打ち合わせで土肥さんから話を聞いて、「あ、なんか面白そう」と思って。それで実際やってみたら、子どもが自然に、自由にガンガン映画を撮る。空気を吸うように、すっと動く。発想が「これやりたい」って言ったらポンってやる。そのフットワークの軽さ、子どもが持っている特有の楽観性と行動力が、映画作りにすごくマッチしていて、「そうだ。こういう映画の撮り方が本来の映画の撮り方なんじゃないか」と逆に僕が教えられました。自分自身の映画の作り方にも影響を受けましたね。

深田　僕も三年くらい前ですかね。2014年か2015年のシンポジウムでした。僕は東京造形大学の出身なのですが、こども映画教室に諏訪敦彦監督が関わられているのは知っていて。どんなもんだろう、という気持ちで行ったのだと思います。その時のパネルディスカッションで、「なんで子どもと映画を撮って面白いんだろう」という話が出たときに、初めて〈代替不可能性〉の話が出たんですよ。つまり、子どもが画面に映るとか映すっていうことは、他には代えられないことなんだっていう。それを聞いて、あ、面白いなと思って。それで懇親会の時に、一か月後に小学校で実験的にWSをやると聞いて、「なんでもいいので手伝わせてもらえませんか」とお願いしたのがきっかけです。

一流の映画人と出会う――制作ワークショップ

沼田　制作WSの流れはどういうふうに進んでいくんですか？　全部で三日間ありますね。

奥定　一日目は、まずみんな初対面で緊張するので、「アイスブレイク」（氷を溶かす）っていうのですが、全体で簡単なゲームなどをして身体を動かし、心と身体をほぐします。それをやってからはその時の講師によるんですが、例えば大川さんの時は、映画の準備運動って言って、手を筒の形にして覗いて見るとか、耳に手を当てて目を瞑って回りの音を1分間聞いてみる。それが結局、フレームを作ったりマイクを指したりという、映画を作る為の準備運動になっている。カメラとか、機材の使い方も軽く教えたりはしますが、そこからはもうとにかく子どもが映画を作り始める。何を撮るかっていうのも決まっている場合もあれば、撮りたいものを探しに行く場合もあります。その時々のテーマとかもあるんです。

小笠原　テーマにはどんなものがあるのですか？

深田　大川さんの時は「走る」でしたよね。テーマはあるんだけどそ

の内容が「走る」っていう具体的なものだったり、諏訪敦彦監督のときは「ファースト・カットを探せ」という考えさせるものだったり。

大川　是枝裕和監督のときは「ハテナを探せ」。ドキュメンタリーでしたね。講師自身もテーマに沿って映画を撮ってほしい人と、テーマをちょっとした背中押しとして活用する人がいると思います。

奥定　僕、何回かやって、何となく僕の中で作戦があるのは、子どもたちは大抵初対面で緊張しているので、最初に僕が子どもたちにとってのいじられ役になる。そうすると子どもたちがとりあえずこっちに、同じ方向を向くんです。それで「あ、いいかな」と思ったらふっと抜ける。すると子どもたちはその方向を保ったまま映画を作るっていうのがあります。

手出し口出ししない 役割分担しない

小笠原　WSでは子どもたちが脚本も書くのですか？

深田　以前は書いたりもしていたんですが、今は書かずに撮り始めるというのが基本です。

長井　それを改革したのは実は２００９年の諏訪さんから。諏訪さんが、脚本も無し・役割分担も無し、ってことを始めたんです。だから尚更何かを教えてもらおうと思って来てる子どもたちにとっては真逆のことが起こります。カメラ・監督・役者を決めずに皆それぞれが全部やるので。

大川　２００９年の金沢のときは、諏訪さんもまだ全然こども映画教室のことを知らないから、子どもの作る映画って、絶対スパイだとか宇宙人だとか忍者だとかで、それを超えるものってそんなに期待してなかったみたいなんですね。実際、私のチームでは『忍者伝』っていう忍者の映画だったんですけど、でもそれが凄まじく素晴らしい作品で。

長井　素晴らしかった、本当に。

大川　くノ一忍者と男の子忍者、兄妹の因縁の物語なんですよ。最後にはくノ一忍者と男の子忍者で、男子女子が入って戦うんですよ。それって子どもの「ごっこ」なんだけれども全然いつものごっこと違って、めちゃくちゃ真剣に戦うんです。それを十分くらい長回しとかしちゃって。そうすると戦っているうちに息とかもう「はあ、はあ」となってくる。子どもたちが撮りながら真剣にやってるのを、最終的に大人が見たらめちゃくちゃ感動するっていう映画が出来てて。最後はもう、まだ春で寒い金沢なのに、出演何々ってエンドロールに皆ランニング姿で出演してて。そのときの、子どもたちの異様な集中力と、子どもたちが映画に出会って作った作品が、本当に大人までも感動させる映画なんだということをその一回でうーんって体験したんです。

ダイアローグへの挑戦―― 鑑賞ワークショップ

沼田　すごく興味深いお話ですね。では鑑賞WSではどんなことをするのでしょうか？

長井　まずはじめに、これは制作WSでも共通ですが、来てくれた子どもたちに名札を作ってもらい

ます。大事なのは、本名ではなく必ずニックネームで作るんです。沼田さんならぬまちゃん、私はひとみちゃん、奥定さんはおっくん、という感じで。その後チーム分けをします。人数は一チーム子ども4人に対し大人1人です。チーム内のみんながニックネームで呼び合うので、大人でも子どもでも関係がフラットになっているんです。

　去年の横浜シネマリンでの例をお話していきますと、鑑賞ＷＳは、映画を観た後に図画工作的なＷＳをやるという場合が多く、内容は作品によって変わっていきます。ただ、前回シネマリンでの鑑賞ＷＳで新しかったのは、土肥さんがずっと小学生には難しいんじゃないかと言っていた、ダイアローグへの挑戦があります。

沼田　ダイアローグっていうのは子どもたち同士の対話ということですよね。確かにまだ言葉の引き出しがあまりない小学生同士で鑑賞後に映画について語るのは難しい気がします。実際のＷＳの様子はどうだったのでしょうか。

長井　まず、やはりストレートに観た後に言語化するのは難しいと思ったので、メンバーとディスカッションを繰り返して編み出した方法として、最初に、映画を観た後の感情や無意識のうちにまだ言葉にできていないものを、一度具体化するというステップを作り、その具体化したものを互いに質問し合う事で言語化していくというプロセスを踏みました。具体的には、前回のＷＳの作品は『ソング・オブ・ザ・シー 海のうた』というアイルランドのアニメーション映画だったのですが、映画の中の重要なアイテムに、魔女が感情を閉じ込めてしまうという「瓶」があるんです。そこから着想を得て、瓶の中に映画を観た気持ちを詰めて下さいっていう工作をやってもらいました。ビーズとか貝殻とか綿とか色んな物を各チームのところに置いて、何も考えず詰めてもらいました。その後、それぞれの瓶が出来上がった後に4人いるチーム内で、「あなたはどうして瓶に○○を入れようと思ったの？」「瓶の中のこれは何ですか？」ってインタビューをしてもらったんです。自分の作品を自分で発表するという一方通行でなく、対話、ダイアローグによって説明をしてもらったわけです。初めての試みということもあって直前まですごく不安でした。ですが結果は、ゆっくりだけど説明できたんですね。「ダイアローグできるんだ！」と。子どもたちには、大人が思うよりずっと高いハードルを超えてしまう力があると実感しました。

沼田　すごく印象的だったのは、工作をすぐに完成させられる子もいたし、なかなか進められない子もいたんですが、いざインタビューになるとまた状況がガラッと変わるんです。今度は話すのが苦手な子がいて、あんなに作るのに時間が掛かった子が却ってシンプルに自分の話をしていたりする。作っている時は自分はこんなに出来るんだぞーって威張ってた子が「あ、この子こんなに喋ってすごいな」ってなる瞬間がいくつもあって、互いに相手に一目置いて、みんなで自分たちの体験したことに誇りを持っているんですね。

深田　それは制作WSの現場でもよく起こることです。演出のときに言葉でうまく説明できる子ほど、自分が演じるときになると恥ずかしがっちゃったりとか。

小笠原　WSのひとつとして、ダイアローグをキーワードにしていくのはとても良いですね。子どもに対して考えを開いていく力になっていくかもしれない。映画を観る目を養えるから。

大人が離れたとき子どもが変わる

沼田　こども映画教室のWSでは必ずと言っていいほど、大人が目を離したすきに、子どもたちだけで変化が起こっていていつのまにか映画を撮り始めている、ということが起こるそうですね。

奥定　子どもたちだけじゃないと変われないと思うんですよ。子どもたちが一緒になった時に、僕らが離れた時に、子どもたちが変わるって事が多くて。そうしたら後はもう勝手に進んでいく。

大川　さっきの鑑賞WSのダイアローグにも繋がりますが、制作の場合、私が対話について参加するうちに気づいた事は、子どもたちって全く話し合いの形をとってなくても、大人と違って全然対話出来てるっていう事です。やっぱり子どもって集中力が途中でなくなるから話し合いとか全然しなくなっちゃうんですよ。バァーって個人でそれぞれ好きな行動をし始める。大人は、時間もないしすごく焦って「もっと真剣にならないと映画なんて作れないのに」と伝えようとする。でもいつの間にかチームの子どもたちだけで色々な了解が取れてて、一つの事に向かい始めてるんです。テレパシーか何か使ってるんじゃないかって思うくらい。歩きながら話してるのかどうしてるのか、わからないんですけど。それに気づいてからは、もう焦らなくなりました。同じ方向に向かってるぞって気配さえ掴めれば、あとは任せてもやれるというチームワークができてる。

小笠原　まるで猫たちの集まりのようだね。

大川　本当にそうなんですよ。なんか遠目で見てたら全然話し合ってなかったのに急に同じ方向に向かって全員猛ダッシュし始めるんですよ。「あれね、あれね」って。

小笠原　スタッフは大人の思考回路だから。それを考えてる時間が何秒かあるけど、子どもたちは直感的なインスピレーションを常にどこかで共有して動いている。それが動物的というわけではないけど、大人になってしまった人間と、子どもの感覚の差なのかもしれないですね。

アクティブ・ラーニング――小学校でのワークショップ

小笠原　僕がこども映画教室を知ったのは、今年3月の藝大馬車道校舎でのシンポジウムがきっかけなのですが、そのときのテーマが「こどもが映画と出会うとき」で、〈アクティブ・ラーニング〉＝能動的学習という教育のホットワードがあって、こども映画教室のWSの内容も同じなのだということが紹介されてました。具体的には小学校でのWSの話がありましたよね。

深田　小学校へは、学校のカリキュラムに合わせて要請されたWSを提供する、コーディネーターという立場で行きました。普段の制作WSと違っていた点は、脚本があったことと、人数が多いこと。行った段階でもう十何ページっていう脚本があって、チームは一チームしかなくて十何人。脚本を書いたのは2、3人の子で、結構こだわってやっていた。でも何も知らずに脚本を書いてるので分量も多いし、時間的にも無理なのは明らかで。普段の制作WSでも、時間的な制約から脚本を書かずに撮り始めるという側面もあるんです。だからその時も「いやもう、いかん」っていう感じで崩しにかかった。だけど僕たちが呼ばれる前から脚本を用意してた子どもたちからしたら「なんで私たちの脚本をやらないんだ?」っていうふうになって、書いた子が後でめちゃめちゃ泣いたという報告を受けたんです。それで自分たちもやり方を変えて、脚本があって、それを子どもたちがやりたいって言うならじゃあ撮る、しかも結構

な分量があるものを撮る為にはどうしようかっていう方に変えていったんです。シーンも多くて撮りきれないのは分かっていたんですけど。それで結局、子どもたちも量が多いからセリフを覚えられず、脚本通りにやれない。そうしたらですね、子どもたちが自然と、一番最初に僕たちが脚本を崩しにかかった時に提案した方法、アドリブをやってみる、即興をやってみるっていうことを導入し始めたんです。でないと撮りきれないぞって子どもたちが自分たちで察知した。自分たちのこだわりよりも、みんなで一つの作品を作るにはどうすればいいか、映画を作る楽しさが、自分一人ではなく、みんなで一緒に何かやるという楽しさに変わっていったんだと思います。みんなの集中がそのことに集まった結果、それまでのプロセスも捨てて、とにかく完成するために必要なことをどんどん選択して実践していったのです。だから脚本のシーンは柱としてはちゃんとあるのだけれど、その場で生まれたセリフもたくさんあった。

沼田　前回のシンポジウムの時に、この脚本を書いた子の感想文が引用されていたので、こちらでも紹介します。

「発見したことがありました。今回はアドリブでやり、難しいかなと思ったのですが、そんなことはありませんでした。逆に台本の方が難しい感じでした。アドリブの場合、とっさに考えるので新しいセリフや行動・表情が出てきます。台本では作り出せないものが生まれます。最初は少し悲しかったけれど、そんな小さな悲しみよりも、みんながやりやすそうでよかったという気持ちの方が大きかったです」

映画はみんながいないとできない

小笠原　今の感想を聞いてなのだけど、映画ってみんなでやる共同作業でしょう？ そういうことを子どもたちが体験して得ていくのはとても大きいよね。本を書いたり、絵を描いたり、小説書いたりという個人の作業ではなくて。全く映画というのは共同作業だから。

奥定　現実的に、カメラ、マイク、演じる人。みんなが出来ないと作品が作れない。絶対的に。それを子どもたちもひしひしとわかってやっているから、WSが終わった後、絶対にみんな仲良くなれるっていうのがあります。

長井　去年の横浜のWSでは、市井昌秀監督に初参加で講師として来て頂いたのですが、「3日間を通して、ひたすら子どもたちに、『あなたがいなきゃいけないんだ。あなたがいることが大切なんだ』ということを言い続けるWSだった」というご感想を頂きました。

沼田　鑑賞WSでも、暗闇の中で一緒に映画を観るという体験を経て、子どもたちだけの対話の中で、映画を観ている「私」と出会う経験を共有していく。だから、一緒に映画を観たら「仲間」になってしまうんですね。

子どもが映画と出会うとき

長井　中江裕司監督が、2010年のこども映画教室のシンポジウムで仰った言葉に、「クローズ・アップの意味なんて誰も教えられないんだ」っていうのがあって、すごくガーンってなったんです。そうだよなぁ、クローズ・アップの意味、私たちは何となく今までの経験上、こういう意味があるっていうふうに考えてはいるけど、本当にそうなんだろうか、って。未来を生きる子どもたちは新しいクローズ・アップの意味を見つけだすかも知れない。新しい映画と出会うかもしれない。

奥定　よく映画教室に参加した子どもたちに言われるんです、「楽しかった」と。でも映画を撮るということは、作品を作るということ。表現をして、人に見せるということで、そのことに対して、何か苦しんでほしい。楽しいの前に、踏ん張った何かがあって欲しい。やっぱりケンカもするし、言い合ったりもする。でもそういうしんどさがあって、作品が出来上がる充実感を体験してほしい。WSの最後ってみんなすごく自信満々な顔をして舞台に立って挨拶しているんですよ。それが単純に楽しいではなく、今まで経験したことのない何かなんだろうなって思うのです。子どもが大きくなって大人になったときに、そういう体験があったという記憶のひとつに、こども映画教室があればいいのかなって思う。

深田　実際に、参加したものの、うまくやれなかった、悔しい思いをした子どもも絶対にいるんですよ。でもそれはそれとして残る。それでまた応募してきたりするんです。そういうものなんだなと。

小笠原　それが何かはわからないけど、でも確実に、映画教室に参加して家に帰るまでに、子どもの中で何かが生まれているのだろうね。それは大人になって気づくのかもしれないけれど。

こどもと映画のアカルイミライ

沼田　この号が出版される頃、こども映画教室では、今年の東京国際映画祭のイベントの一つとして初の中学生を対象としたWSが開催されます。メンバーの皆さんの意気込みは？

深田　意気込みですか……未知です。

大川　すべてのことが未知だから言えないよね。中学生がどこまでのことをできるか、今は探っている段階です。小学生以上のワークにはしたいですね。

小笠原　そうか。スタッフにとっても中学生は初めて。真剣勝負なのだ。

大川　こども映画教室に参加する子どもたちって、何でもありなんだ、ということを最初に教わるんです。そこがスタートラインになる。何でもありというところから映画を撮る、というすごく高いハードル

を与えられるんですけど、最後にはその高いハードルを超えていくんです。不思議とできなかったことがない。地味にすごいことだと思います。だからきっと中学生もそうなるんだろうという予感はあります。

沼田　その中学生のWSの作品はどこかで上映の機会は？

長井　東京国際映画祭の期間中に観られます。併せて、WSのメイキングも上映されるので、両方見て頂くと、きっとこども映画教室についてよくわかって頂けると思います。たくさんの方に会場へ足をお運び頂けたら幸いです。

小笠原　そのうちに子どもたちだけでシンポジウムをやってみるというのはどうだろう。

一同　（笑）。

長井　そんな日がくるかもしれませんね。

［2017年6月8日　渋谷トップルーム道玄坂にて］

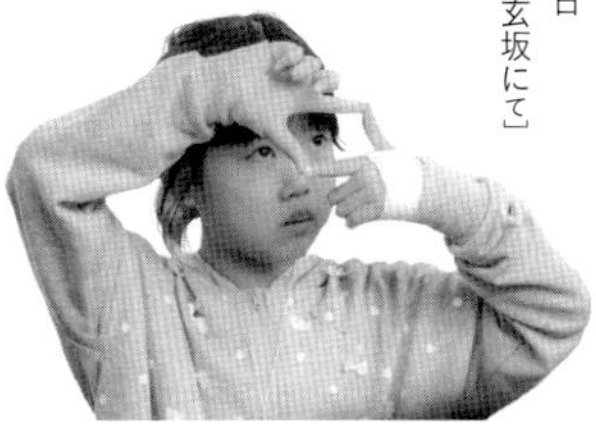

長井仁美（ながい・ひとみ）
1987年富山県生まれ。ワークショップ・ファシリテーター。日本大学芸術学部映画学科卒業、2016年青山学院大学社会情報学部ワークショップデザイナー育成プログラム修了。こども×映画×対話に興味を持ち、昨年より映画鑑賞とダイアローグを組み合わせたワークショップを開催。2010年よりこども映画教室スタッフ。

大川景子（おおかわ・けいこ）
1978年石川県生まれ。諏訪敦彦監督の『ユキとニナ』（09）編集助手として携わり、その後『バッハの肖像』（09）、『ひとつの歌』（11）、『自由なファンシィ』（14）などの作品に編集で参加する。自身の作品では作家リービ英雄のドキュメンタリー映画『異境の中の故郷』（13）がある。2010年よりこども映画教室スタッフ。

奥定正掌（おくさだ・せいしょう）
1976年愛媛県生まれ。映画・映像の制作とグラフィックデザイン。2014年よりこども映画教室スタッフ。

深田隆之（ふかた・たかゆき）
1988年神奈川県生まれ。2013年、短篇映画『one morning』が仙台短篇映画祭、Kisssh-Kissssssh 映画祭等に入選。映画をはじめとして、ワークショップ、ミュージックビデオ等、様々な映像・映画の試みを継続している。また、2013年から行われている船内映画上映イベント、海に浮かぶ映画館の館長でもある。2014年よりこども映画教室スタッフ。

沼田梓（ぬまた・あずさ）
1988年神奈川県生まれ。映画美学校映像翻訳講座2015年度演習科修了。2015年より横浜市内のミニシアターに勤務。2016年よりこども映画教室スタッフ。

「プロペラ機YS11」
「日豊本線各駅佐伯行き」
「1970年9月24日校内放送より」
澤 千尋

イラストレーション＝永島幹

「プロペラ機YS11」

登場人物
友永佐江（11）小学生
井崎裕美（11）小学生
金田尚中（11）小学生
菊池新一（11）小学生
谷町（11）小学生
野本（34）教師
佐江の父（45）
柳川（29）音楽教師

○海辺（早朝）
　別府湾が広がる。防波堤に谷町と菊池がいる。
谷町「まだか、YS11（ワイエスジュウイチ）」
菊池「もうすぐよ」
谷町「もうすぐっていつか?」
菊池「もうすぐは、もうすぐよ」
　酔っぱらい通りかかる。
　手に持つ新聞、「昭和39年（1964年）」とある。
酔っぱらい「あんちゃんら、朝帰り、せっきょーやな、せっきょー」
谷町「くそじじ、うるせいわい」
　遠くから飛行機の音。
菊池「(見つけた）おい（谷町の袖をひっぱる)」

○佐江のアパート・外（朝）
　元々は遊郭だった建物。手すりや柱、至る所にその名残。
　の前、ランドセルを背に裕美。二階の窓が開き、佐江が顔を出す。
佐江「すぐ、行くね」

○同・中（朝）
　横になる佐江の父、周りに酒瓶。身支度をすませる佐江。
父「今日は、早いな」
佐江「合唱の練習があるん」
父「外、誰や?」
佐江「裕美ちゃんよ」
父「裕美ちゃんも不思議やろ、山の上のおっきなレンガの家の前から、こんなとこ引っ越して、一間で家族全員で暮らしてるわ、どうしてやろ言うて」
　半笑いの父、悪い酒。
佐江「誰でも知ってるわ、会社倒産したて」
父「そうか、そうか、そんなら、佐江ちゃんとこお父さんは酒に溺れて、お母さん、工事現場で働いとるわちゅうのも教えたってくれ、な」
佐江「あんた…卑怯もんや」
　佐江、出て行く。

○同・外（朝）
　佐江、裕美の所へ。
佐江「待たせてごめん」
　横の焼き肉屋から、尚中が出て来る
裕美「あ、尚中、おはよう、早いな」
尚中「山口、見送りに行くんや」
裕美「あぁ飛行機、今日やね、佐江ちゃん、尚中や」
　佐江と尚中はお互いにそっぽを向く。
　ブォーと上を、飛行機が飛んで行く音。
　戦後初の国産プロペラ機YS11だ。
　うれしそうに上を見上げる尚中。
　こそっと尚中を見つめる佐江。
　裕美は、佐江の思いに気付いているようだ。

○浜脇小学校・廊下（朝）

張り紙「大募集　ＹＳ11初飛行に乗ろう、大分県の今年十一歳になる小学生、小学校につき、一人。厳選なる抽選を行います」とある。

○同・校門（朝）

校長、教頭とタクシーに乗る山口。

○同・窓辺（朝）

尚中と谷町、菊池が山口を眺めている。

菊池「はぁ」
尚中「見れたんか」
菊池「ちらっとな」
谷町「雲の中やった、音だけ」
菊池「ごごぉぉ、言うて」

三人は、タクシーで走り去る山口を見やり。

谷町「なんで、山口か」
菊池「医者の息子やからやろ」
尚中「それが厳選なる抽選の結果か」
谷町「脳病院は景気がいいらしいからなぁ」
菊池「山口も医者になるんか」
尚中「なんか、医者の息子は、医者か?」
谷町「そうやな、医者の息子は医者や」
菊池「そしたら、オレは、保険屋か?あーあ、乗りたいなぁ、ＹＳ11、なぁ、乗りたいなぁ、なんとかならんのかぁ」

○同・渡り廊下（朝）

楽譜を手に裕子と夏美が歩いて行く。

○同・裏（朝）

尚中、菊池、谷町、塀を乗り越えようと画策中。
渡り廊下から人影。身構える三人。
人影は合唱の練習に向かう生徒達、その中に、佐江と裕美の姿。

谷町「友永んとこの母ちゃん、真っ赤な口紅つけて、夕方どこか行きよんの、見たわ」
菊池「へぇ､尚中んちの隣のアパート越してきよったんやろ」
尚中「ん」
谷町「ありゃ、他に男ができたんや、かあちゃん言うちょった」

尚中、塀に手をかけて。

尚中「おい、どうや?」
谷町「誰も来ちょらん」
菊池「他に男ができたんやったら、離婚か」
尚中「菊池、はよ、せ、野本が来る」

菊池が、両手を地面につき、渋々台になる。

菊池「飛行場いったち、乗れんと思うで?」
谷町「小学生の見分けなんかつかんやろ、三人ぐらい入れる、入れる」
菊池「そげな上手い事いくか」

尚中、菊池の背中に足を乗せる。

菊池「そこ、乗ったら痛いわ、身がないとこ、ないとこ」
尚中「ハイ、ハイ」
谷町「次、俺や」
菊池「?オレはどうやって越えるん?壁」
野本の声「こら、そこ、なにしよんのか?もう始業のベルなるんやぞ」

菊池の台が壊れて、尚中、地面へ転がる。走って逃げる谷町。
野本が駆け寄って来る。

○同・音楽室

合唱の練習中。
ピアノの前に佐江、柳川に指導を受けている。
様子のいい優男の柳川、憧れている女子が多い、裕美もその一人。
柳川の一挙一動目を輝かせて見守る。

女子1「柳川先生、結婚しとらんよな?」
裕美「ええね、佐江ちゃん、ピアノ弾けて」
女子1「ひいきされとるんやわ、あたしだってあれくらい弾ける、井崎さんて、まだ友永さんの子分やるん?もうお嬢さんチガウんよ」
裕美「子分やないよ」

外を走って行く谷町の姿。生徒達、なにかあったと一斉に窓へ。
裕美も、皆と同じ様に窓から身を乗り出す。

○同・外

尚中、菊池が野本に耳を掴まれて職員室へ。

○同・音楽室

皆、窓から身を乗り出して尚中たちを見ている。

柳川「ほーら、こっちに集中」

生徒達がこちらを見てないのをいい事に、柳川の手は佐江の体を触っている。いやらしく。ベタベタと。
それに気付き、凍り付く佐江。
裕美、振り返るが、佐江がイタズラされているのは気づかない。逆に、二人の距離が近くて嫉妬する。

○同・職員室

野本の机の横で、正座している尚中と菊池。足が痺れて、菊池。

菊池「センセ」
野本「なんか」
菊池「僕、怪我をしたばかりで、体の具合が悪いんです」
野本「どこの怪我や」
菊池「こないだな､尚中らと､かくれんぼしてたら､見つかって、頭だけ出てたみたいで、尚中んとこの、焼き肉やの台所です、な、な?」

尚中、知らんぷり。

菊池「ほんなら、谷町のバカが、見つけたち、言いよってから、包丁を僕の頭に振り下ろしまして、ここほら、ここです、血がピーでました、ここ割れて」
野本「ふーん、えれえことしたな、それでどげんしたんか?」
菊池「みそ塗ったら、血とまったんで病院行ったんやけど、医者のセンセが、しばらくは、正座とかしよったら、いけんでち言うちょりました」
　野本、菊池の頭を近くにあった新聞でスパーンと叩く。
菊池「てぇ」
野本「黙って、反省せ、ミソぬるか?ミソ」
菊池「…ハイ、スミマセンした…」
野本「尚中」
尚中「はい」
野本「おまえな、勉強も出来るし、運動もできるし」
尚中「はい」
野本「大分合同新聞に出るんやろ、大学合格したら名前が、でるやろ、そんで」
尚中「はい」
野本「えーと、おまえら、何年生やったっけ?」
菊池「そらねーわ、僕らの担任やろ」
野本「そうやったな、五年生か、あと七年後か、そんなら先生は、七年後、新聞で探すからな、尚中、お前の名前一番に探すからな」
菊池「センセ、オレは?」
野本「お前は、保険屋になったらいいんやねえか」
菊池「えー、いやや」
野本「学校の塀なんかやのうて、越えなあかんもの他にもある」
　尚中、下を向いている。

○同・廊下
　合唱の練習を終えた生徒達、佐江と裕美。
裕美「あんな、佐江ちゃん」
佐江「なに?」
裕美「佐江ちゃんは、ピアノが上手でいいね」
佐江「そう?」
裕美「美人やし、頭もいいし、あたしなんか」
　裕美の言葉に刺を感じる佐江。
佐江「さっき、みんな窓見てたの、なんやったん?」
裕美「あ、尚中と菊池が」
　佐江、尚中の名前に反応する。
佐江「尚中?どげんした?」
裕美「あたし知っちょるんよ」
裕美「佐江ちゃん、尚中のこと好きやろ」
佐江「なにを?」
佐江「なんね、それ」
裕美「家も近いし、ええんやない」
佐江「…ええんやないって何?」
　裕美はさらに、苛立ち、佐江の表情は強張り。
　谷町がきょろきょろしながら、後ろから駆けてくる。
谷町「尚中ら、見た?」
裕美「尚中らね、見たもなにも、野本センセに」
谷町「あーあ、そうか、捕まったん、グズやな二人とも」
　谷町、元来た方へ戻ろうとして。
裕美「ちょっと」
谷町「なんか」
裕美「あんた、さっき、一人で逃げたんやろ」
谷町「知らん」
裕美「卑怯や」
谷町「知らんなぁ」
裕美「逃げたんやろ、一人で、卑怯や」
谷町「関係ねえやろ」
裕美「あんた…卑怯もんや」
　裕美の「卑怯もん」に反応する佐江。
谷町「なにを、そんな怒っちょるんか」
　谷町に、八つ当たりする裕美。
　谷町、背を向けて逃げようと。
裕美「あたしと、職員室いかんと」
　谷町の肩を、掴もうとした裕美。
　その裕美の頬に、平手打ちする佐江。
　大きな音が鳴る。
　突然の事に呆然とする裕美。谷町も驚く。裕美の頬が赤くなる。
佐江「手、いた」
　佐江、赤くなる自分の手を見つめる。

○同・教室
　頬を氷で冷やしている裕美、その周りに女子達。
女子1「ひどいよね、せっかく井崎さんよくしてあげてたのに」
女子2「家が、やっぱり、ほら」
　離れて机に座る佐江を見て、ひそひそと女子達。

○同・職員室
　尚中と菊池、正座している。
野本「あぁ、もうこんな時間か、ほら、ほら、たて」
　ふたり、立ち上がろうとするが、しびれていて倒れる。

○同・教室
　チャイムが鳴る、野本が入って来る。
　その後ろから、こっそり尚中と菊池。谷町にやにや。
　菊池、谷町に「縁切りや」とクチパク。
　裕美の周りの女子も慌てて、自分の席へ。
　佐江、下を向いて机を見ている。

谷町、菊池と尚中のところへ。
菊池「一人で逃げよって」
谷町「いいこと教えたる」
尚中「なんや?」
谷町「反永佐江、オレの事、好きみたいや」
尚中、その言葉にハッとする。
座った生徒達。
野本「席替えするぞ、くじをひけ」
野本、手にある箱。
生徒たち、反意、賛成、様々に声をあげる。
×　×　×
各々、当てられた席に座る。尚中、くじを手に佐江の横に座る。
佐江、唐突に立ち上がる。
先生「なんや?」
佐江「いやです」
先生「なにがや?」
佐江「尚中の、金田くんの隣は、いやです」
佐江を見る裕美。
尚中、黙って立ち上がり、教室から走りでていく。
その顔は、怒りやら恥ずかしさやらで、赤黒くそまって。
野本「あ、こら」
野本、尚中を追いかける。

○同・校庭

走って行く尚中。追いかける野本。
教室窓に駆け寄り二人を見ようとクラスメイトたち、押し合い。

○同・教室

窓辺に生徒達。飛行機の音。YS11だ。
生徒達は、校庭から視線を外し、一様に空を見上げる。
菊池「おうーい、乗ってるな、山口、見えるかぁー」
谷町「おうーい、脳病院、おうーい」
必死に手を振る、谷町と菊池。
裕美、席に座ったまま動かない佐江の所へ。
裕美「佐江ちゃん、佐江ちゃん、みてみ、YS11や、ほら」
佐江「引っ越しするん」
飛行機の音が大きく。
裕美「なん?なんいい?」
佐江「引っ越しするん、あした」

○同・校庭

走ってる尚中、飛行機の音に顔をあげる。
飛行機から、何かがキラリ反射。
と、うしろから野本、羽交い締めする。
尚中、振りほどこうと必死。
野本、放してなるものかと、これまた必死。
しかし、振り切り走り出す尚中。
野本も全速力で追いかける。
飛行機は、校舎の上を旋回し、別府湾へ飛んで行く。
良く晴れた空、もうすぐ夏だ。

「日豊本線各駅佐伯行き」

登場人物

衛藤初子（17）高校生
糸永菊乃（17）高校生
初子の父母・菊乃の父母
一郎（19）初子の兄
健一（28）ペンキ屋
竹子（17）高校生

○電車・中

ボックス席に座る菊乃と初子。テニスのラケットを携えて。
初子、バックから週刊誌「週刊文春1970年7月23日号」。
初子「あーあ、にいちゃん、入れっぱなし」
菊乃「見して」
初子「（週刊誌を渡して）進路どうするん?」
菊乃「東京、うーん、もっと遠く」
初子「海外か」
菊乃「フハハ、そや、アメリカは?いいやろ?」
初子「いいな、なぁなぁ、今日、佑に会えるかな?」
菊乃「わざわざ、軟式テニス部つくって、練習試合組んで、たまたまきたけんって、佑に会いに行くちな、恋する乙女言うのは、手間を厭わんで、偉いわ」
初子「そやろ、自然な感じ、いいやろ」
菊乃「なしか、佑は、遠くに転校して」
初子「野球やりたいんやと」
菊乃「あーあ、宇佐駅まで、あと何個や」

○初子の回想・衛藤酒店・外観（夜）

衛藤酒店の看板。温泉街の平屋。

○初子の回想・同・中（夜）
　店の隅に角打ちがある。そこに初子の父母と健一が話し込んで。
　住居と繋がった廊下から顔を出す初子。
初子「こんばんは」
　健一、ペンキの職人らしく服がいろんな色で汚れて。
健一「おかえんなさい」
初子「来ちょったん？」
健一「看板の塗り替えさせてもらって」
初子母「それで、奥さんに、健ちゃんは来ちょらんよ言うち、帰ってもらって」
健一「ご迷惑おかけしち、すみません」
初子父「ほらその一緒に暮らしてる人な？子供ができたんやろ？」
健一「（頷いて）離婚しちくれち、言うちょんですけど」
初子母「奥さん、全然聞いちくれんでなぁ」
　健一、初子を気にして。
健一「もう帰ります、話聞いてもろうて、みっともねえ話」
　健一、頭を下げて帰る。
初子「けんちゃんの奥さん、まだ別れてくれんの？」
初子母「（ため息）旦那出てって、新しい女作って、そこに子供できちょんに、なぁ？離婚は嫌ち言うて」
初子父「（子供に聞かせるな）おい」
　母、初子に早く上に行けと追っ払う。階段を上がりかける初子。
初子父の声「男女の関係言うんは、戦争みたいなもんやの」

○電車・中
　週刊誌を覗き込んでいる初子と菊乃。
初子「なぁ、奥さん離婚してくれんのやら、二人でどっか行ったらいいんやね？」
　女優が俳優と同棲を始めたものの、俳優は妻子持ちとの記事。
菊乃「そげな簡単なことやねやろ」
菊乃、初子「（同時に）あの」
　お互い、ムムウと見て、仕切り直して
菊乃、初子「（同時に）昨日」
　またも一緒に言ってしまう。何やら言いたいことがあるらしいが。
初子「なに？」
菊乃「（早口に）これ、ほら」
　菊乃のカバン、民俗調。
初子「エジプト館で買ったやつ？」
菊乃「いいやろ」
初子「私も月の石やめて、エジプト館いけばよかった」
　二人はまたも週刊誌を覗き込む。
　言いたい事は二人とも切り出せなかったようだ。

○菊乃の回想・菊乃の家・外（夜）
　風呂の仕度をして菊乃、母を待つ。中では菊乃の父が暴れてる音。
　菊乃は、慣れっこ。母、出てきて。
菊乃「また断酒、ダメやったね」
菊乃の母「お母さんは片付けあるけん、一人で、お風呂行っちきて」
　菊乃に多めの風呂銭を握らして。

○菊乃の回想・浜脇温泉・中（夜）
　湯に浸かる菊乃と近隣の人たち。おばちゃん1、やおら立ち上がり。
おばちゃん1「お湯、熱うねえか？」
近隣の人「ん、あちぃ」
おばちゃん1「男湯もあちいんか、ちいと男湯も見ちくるわ」
　おばちゃん、裸のまま前も隠さず出て行き、裸のまま戻ってくる。
おばちゃん1「男湯もあちいこと」
　ざぶんと再び湯船に。菊乃うんざり。湯船にブクブク沈もうとする。
おばちゃん1「あぁ、姉ちゃん、髪ついてる、ほら、髪」
　首根っこ掴まれ引き上げられる菊乃。

○電車・中
　菊乃と初子いる。
初子「菊ちゃん行くなら、私もアメリカ行こうか」
菊乃「そしたら、アメリカで、はっちゃんと、方言丸出しで話すことになる」
初子「そげんことならんよ、ハロー言うよ」
菊乃「そげんことある、きっと、ハロー言わんよ」
初子「じゃ、なんて言うん？」

○初子の回想・衛藤酒店・裏（夜）
　タバコを吸ってる初子の兄、一郎。
初子「にいちゃん」
一郎「なんや」
初子「テニスの練習試合、宇佐にいくん、バック貸して大きいの」
一郎「帰りに、津久見の野球部の寮でもよるんか？」
初子「にいちゃんには、関係ないやろ」
一郎「佑はダメで、親父が許さんで」
初子「なしか？」
一郎「あいつのばあちゃんに、うちのじいちゃん見合いで断られたんや」
初子「ハァ？」
一郎「知らんのか？二人は道であっても口も聞かん」
　初子、唇を噛み締め、裏から走り出て行く。

一郎「そんで、自分の妹がそこまで馬鹿やち、情けのうなるけど、宇佐と津久見は逆方向や、お前はどうやって津久見に行く気…」
　一郎、振り返る。誰もいない。

○電車・中
　初子、「花嫁（はしだのりひことクライマックス）」歌ってる。
初子「（歌う）命かけて、燃えた、恋が結ばれる」
　菊乃、窓の外を見ながら聴いてる。

○菊乃の回想・駅前・道（夜）
　湯上がりの菊乃、時刻表を見ている。
　下りの最終が出て、改札から山本。驚く菊乃。
菊乃「山本さん…」
山本「おっ、出迎えありがとう」
菊乃「チガウチガウ、明日、練習試合なんで、電車の時間見に来ただけです」
山本「東京は遠いな、尻がガチガチや、里帰り、里帰り、あぁ硫黄の匂い」
　山本、鼻をクンクン。
菊乃「東京の大学には、可愛い子おりましたか？」
山本「おりませんね、おりませんわ」
　山本、笑って歩き始める。菊乃並んで歩く。
山本「修学旅行もう終わったんやろ？」
菊乃「ん」
山本「楽しかったか？」
菊乃「知らん、班長の芦刈くんが有楽町のニッポン放送行こうって、アンコーに手紙渡すって言って、たくさん歩いち行ったけど、ただのビルやった、ええと、そんで、万博もいってきて、月の石は混んでたから見るんやめて、エジプト館でバック買うたんよ」
山本「（笑って）菊ちゃんらしいな、東京好きか？それとも大阪か？」
菊乃「東京や大阪がええんのではなくて、ここが嫌や、歩くたびに知ってる人に会って、どこ行くんか、どこ行ったんか、聞かれて、温泉のアチいかぬりぃか、言いよんだけちゃ、別府の人は」
山本「そげんことねえちゃ」
　山本は、菊乃の手を取って歩き始める。
　菊乃、どうしたらいいのかわからず、されるまま。
山本「人はね、外からじゃ、見えてないこともたくさんあるんだよ」
菊乃「なんや口を聞くのも、うまくなりましたな」
山本「温泉あついと言いながら、さっき孫を殺してきたかもしれないよ」
菊乃「そげん恐ろしいこと」
山本「僕は寺をつがねえといけんけん、帰ってこんと、絶対に」
　山本、菊乃の手をパッと放して歩いて行く。
山本「菊ちゃんは、どこへでもいけるわ」
　つんのめる菊乃。振り返らず歩いていく山本。
菊乃「（山本の背に）勝手やな、それで、それで、ええ気分ですか？」
　ほっぺたに手を当てる、熱いのは手なのか頬なのか。

○電車・中
　髪の毛をいじってる菊乃。
初子「へぇ、山本先輩、夏休みで実家帰って来たんか」
菊乃「見かけただけやけど」
初子「嘘つくとき、髪さわる」
菊乃「そげん事ない」

○初子の回想・駅前の道（夜）
　初子がトボトボ歩いている。

　健一が身重の女と、歩いてくる。ハッとした初子、踵を返そうとするが、そちらには山本と手を繋いで歩く菊乃の姿。慌てて小道に飛び込む初子。

○電車・中
　初子、菊乃。
初子「やっぱなアメリカは菊ちゃん一人で行き」
菊乃「ここに、ずっとおる気がするわ」
初子「先んことは、誰にもわからん」
菊乃「そうやろか」
　電車は進む。

○宇佐駅・ホーム
　電車とまる。降りてくる初子、菊乃。
　二人とも、宇佐駅の看板を見つめて
菊乃「（驚いて）あぁっユーエスエー、やな」
初子「（大声で）本当やっ、ユーエスエー、や」
　看板「宇佐駅」の下にローマ字でＵＳＡとある。
初子「アメリカきたわっ」
菊乃「随分近いアメリカやっ」
初子「ユーエスエーや」
菊乃「ユーエスエーやなっ」
　二人、腹を抱えて笑う。
初子「ほら、行こうや」
　菊乃、改札へと走り出す。初子、負けじと追いかける。

「1970年9月24日校内放送より」

登場人物
芦刈和彦（17）高校生
菊池新一（17）高校生
芦刈君江（41）和彦の父の再婚相手
夏美（23）和彦の幼馴染
黒木（47）教師
衛藤初子（17）高校生

○鶴見ヶ丘高校・外観
　学園祭の看板。他校の生徒達、父母達の姿、賑わっている。

○同・校舎・裏
　投げやりに落ち葉掃除、芦刈。
　二階のベランダを走ってくる菊池。
菊池「おーい、おーい」
　菊池、芦刈の頭の上から顔を出す。
芦刈「ここや」
菊池「何しちょんのや?」
芦刈「掃除」
菊池「学園祭の最中に、つまらんやつや」
芦刈「人類の進歩と調和、それで?」
　菊池、ニヤニヤして、ポケットから鍵束。

○同・廊下
　仮装した学生たちが講堂へ向かう。

　菊池と芦刈とすれ違って。

　芦刈、もったいぶってポケットからカセットテープを出す。

菊池「オォー、これか、本当か?あぁ、有楽町の匂いやな、ニッポン放送まで行ったかいあったなぁ、本当に」

　芦刈、早足に。菊池も小走りに。

○過去・芦刈の家・中（夕）
　帰ってきた芦刈。
芦刈「ただいま」
　台所から君江、顔を出す。
君江「お帰りなさい」
芦刈「ハイ」
君江「お手紙、届いてたんで部屋に」
　奥から赤ん坊の泣き声。君江、奥の部屋へ。
芦刈「(襖越しに)ドウデスカ、僕の弟は?」
君江の声「(笑って)和彦さん、こっちきて見てあげて」
芦刈「ハイハイ」
　芦刈、そのまま上の部屋へ。

○過去・同・芦刈の部屋（夕）
　手紙を開けて芦刈。中からカセットテープと手紙。

　手紙に目を通して、ヤッタァと手をあげる。

　視線を感じて窓下を見やる。

　夏美が大きな荷物を持って、隣の家の前に。

　こちらを見て笑ってる。芦刈驚く。

○高校・職員室・前
　黒木、ポケットをひっくり返して、鍵を探してる。

　初子たち放送部員に囲まれてる。

初子「センセ、ハヤクしてください放送室の鍵、後夜祭が」

黒木「えー、悪いな、確かにここ、んーおかしい」

　その横を神妙な顔で通り過ぎていく、芦刈と菊池。

菊池「センセ、恐ろしいですな、ウーマン・リブゆうやつですか?」

初子「(恐ろしい声で)菊池、アンタ、なんか知っちょんのやねえか?」

　芦刈、菊池を引っ張り。

芦刈「ないない、関係ないです、僕ら」

　廊下の窓から見える、校門から入ってくる夏美の姿。

　芦刈、夏美に気付く。

○過去・芦刈の家・前（夕）
　慌てて、つっかけで出てくる芦刈。
芦刈「夏ちゃん、どげえしたんか?里帰りか?」
夏美「知っちょんくせに」
芦刈「ん」
夏美「一週間ぐらい、もう帰っちこんの、あの人」
　夏子、家を見上げて。
夏美「敷居高いなぁ、嫁いくと、生まれ育った家が他人の家のようや」
君江の声「和彦さん」
芦刈「ハイ」
君江の声「ごはんですよ」
芦刈「ハイ」
夏美「(笑う)まだ敬語なん?君江さんに」
芦刈「いい人やけど、お母ちゃんとは違う」
夏美「子供みたいなこと、言ってからに」
　家から赤ん坊の泣き声。
芦刈「弟できて」
夏美「そんなら、和ちゃん家族やな、君江さんともう家族やなぁ」
芦刈「夏ちゃん、別れるんか?」
夏美「子供できたけん、別れちくれって」
芦刈「…」
夏美「向こうと家族やなぁ、私じゃなくて」
芦刈「…」
夏美「親が反対するん押し切って、大学途中でやめて、ペンキ屋なんかと結婚した私、まちごうたかしらね、別れんて、我を張っちょたら、周りに誰もおらんようになって、たった一人で風船みたいに漂ってる気分や」
　芦刈、手にカセットを持ったまま、握りしめて。
芦刈「明日、学祭やから」
夏美「うわ、懐かし、鶴見ヶ丘、卒業して三年前か」
芦刈「よかったら、来て」
夏美「うん」
芦刈の母「和彦さん、誰かおるん?」
芦刈「今、行きます」
　夏美を振り返り。
芦刈「冷えるから、はよう入り」
　芦刈、家に入っていく。
夏美「うん」
　夏美は立ち尽くしたまま。

○過去・芦刈家・中（夕）
　赤ん坊を背負った君江、テーブルに食事を。芦刈入ってきて。
君江「外に誰かおったんですか?」
芦刈「（席について）いいえ」
君江「お父さん、遅くなるから」
芦刈「アノデスネ、明日、高校の」
君江「（調理の音で聞こえない）え、なんですか?」
芦刈「イイエ、なんでも」
　君江から見えない角度で、赤ん坊におどけてみせる芦刈。

○高校・放送室・前
　放送部員の生徒たちが、鍵の閉まった扉の前に集まってる。

　菊池と芦刈がやってくる。

菊池「みなさん、みなさん、はい、はいドイテドイテ」

　芦刈、鍵を開けてさっと中へ。菊池も続いて。

　ようやく鍵が開いたと喜ぶ生徒たちがすぐに、中からガチャリと鍵。生徒達ブーイング、扉を叩く。

○同・放送室・中
　機器の電源を入れて二人。

　放送用テープ再生機に芦刈が持って来たカセットテープを入れる。

　放送中の赤いランプが灯る。

　オールナイトニッポンのテーマ曲が放送に流れる。

　感動の面持ち、芦刈と菊池。

○同・校庭
　赤ん坊を背負って、君江がいる。

○同・校内
　後夜祭の準備をする人たちの上にも流れる放送。

○同・職員室
　鍵を探してる黒木、詰め寄る初子。

　放送を聞いて、アラっと上を見上げる。

○同・校内
　足を止めて、夏美も聞いている。

○同・放送室・中
　芦刈と菊池、聞いている。

斎藤アンコーの声「鶴見ヶ丘高校のみんな、お待ちどうさま、オールナイトニッポン水曜日担当、ヤングメンの味方、若者の味方、ぼく斎藤アンコーです、学園祭楽しんでる?先日、三年生は修学旅行で東京来たんだね、手紙をありがとう、受け取ったよ。東京はどうでした?君たちの目に都会の僕たち大人は、どう映ったんだろう、それではリクエストです、お嫁に行ってしまった好きだった隣のお姉さん、もう会えないかもしれないけど、彼女へ捧げます、芦刈和彦さんのリクエストで『さらば恋人』」

　「さらば恋人」が流れる。

　菊池が、喜んで芦刈の背中をどんどん叩く。

　照れて芦刈。

○同・廊下
　夏美、穏やかな表情で放送を聞いている。

　ちょっと、うれしい。

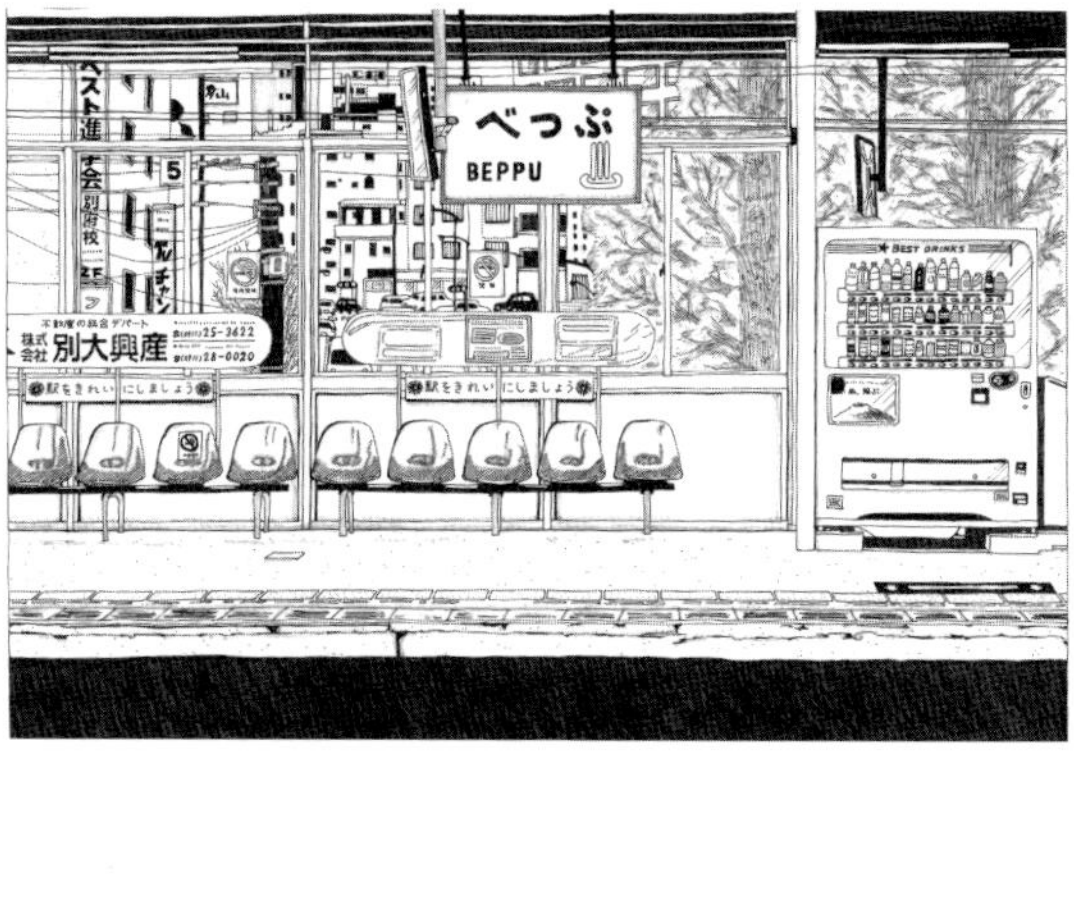

澤千尋（さわ・ちひろ）
1981年、横浜市生まれ。シネマ・ジャック&ベティ勤務。脚本を勉強中。

永島幹（ながしま・みき）
1986年、横浜市生まれ。シネマ・ジャック&ベティ勤務。

高島礼子

横浜が出てくる映画を もっとたくさん作ってほしいです！

――普段、映画はどのようなスタイルで観ることが多いのでしょうか。

高島　もちろん映画館でも観ますが、家で観ることが多いですね。

――お忙しいので、なかなか映画館での上映スケジュールと合わないことも多いでしょうね。とくに最近は上映スパンが短くなりがちですし。そんななかでも劇場で観ようと思うのはどんな作品なのでしょうか。

高島　3D作品やアニメ作品は映画館のスクリーンで観たくなりますね。家で観るのとは、環境が全然違いますし。そうではなくても、どうしてもスクリーンで観たい！　と思う作品もやっぱりあるので。

――映画に興味を持ったのはいつ頃ですか？

高島　学生の頃に、初めて観た映画がフランコ・ゼフィレッリ監督の『チャンプ』(79)。元ボクシング・チャンピオンの父親と息子、そして別れた妻の家族3人の姿を描いた作品です。この作品に感動して以来、映画にハマっていきました。

――好きな映画のジャンルなどはありますか。

高島　ジャンルということではないのですが、私は横浜出身なので、横浜が舞台になっている映画はやはり観たくなりますね。横浜が出てくる映画をもっとたくさん作ってほしいです！

――日本を代表する女優のひとりである高島さん。映画だけでなく、舞台でも活躍していらっしゃいます。「見せる側」として、これからどのような作品づくりをしていきたいと考えていらっしゃいますか？

高島　映画も舞台も、流し見するものではありませんよね。じっくり観ていただくもの。ですから、演じる者として、瞬きひとつにも気を遣って芝居をしていきたいと思います。

《プロフィール》

高島礼子（たかしま・れいこ）

1964年、神奈川県生まれ。「とらばーゆ」のCM出演をきっかけに、88年テレビ時代劇『暴れん坊将軍Ⅲ』で女優デビュー。映画では『極道の妻たち』シリーズなどで主演し人気を博す。2001年日本アカデミー賞優秀助演女優賞を受賞。17年10月に舞台『おんなの家』(明治座）に長女・梅役で出演。

高島礼子さん出演
舞台『おんなの家』（明治座）
2017年10月6日(金)～29日(日)

神楽坂にある炉ばた焼店「花舎（はなや)」を舞台に、三人姉妹が繰り広げるてんやわんやの騒動記。姪っ子を育てながら店を切り盛りする四女・桐子（藤田朋子）と、それを手伝う三女・葵（熊谷真実）。そこに長女・梅（高島礼子）が突然舞い戻ってきて……。

映画館で観ることの魅力があると思うから。

──映画に興味を持ったのはいつ頃ですか？

堀　母の影響で、小さな頃から。映画が大好きな母に映画館に連れて行ってもらうことが多く、しぜんと映画が好きになりました。

──映画の仕事に関わるようになったきっかけは。

堀　高校2年生の秋に、佐藤快磨監督から『ガンバレとかうるせぇ』（14）を撮るから出てくれないか、とSNSで連絡をいただいたことがきっかけです。佐藤監督とは、私が中学の時に受けたワークショップで出会っていて、その時の印象から連絡をくれたことがとても嬉しかったです。その10日後には撮影で秋田に行っていました。懐かしいです。

──プライベートで映画館に行くことはありますか？

堀　あります！　映画はなるべく映画館で観るようにしています。映画館に向かっている時間やチケットを発券している時、席に座って始まるまでのドキドキ感なども含めて映画館で観ることの魅力があると思うから。

──好きな映画のジャンルはありますか？

堀　ジャンルは特に絞らずに、観たい映画を観ていますが、好きな映画はデニズ・ガムゼ・エルギュヴェン監督の『裸足の季節』（16）、ユン・ガウン監督の『私たち』（16）、ジア・コッポラ監督『パロアルト・ストーリー』（15）などです。

堀春菜

──よく行く映画館や、思い入れの深い映画館はありますか。

堀　私は横浜に住んでいるということもあり、高校時代には学校から歩いていける位置にシネマ・ジャック＆ベティがありました。それまでは指定席の映画館しか行ったことがなかったので、初めてジャック＆ベティに行ったとき、自由席であることにとてもドキドキした覚えがあります。ジャック＆ベティでハイファ・アル=マンスール監督『少女は自転車にのって』（13）を観てとても衝撃を受けて、それ以来、よく学校帰りなどに映画館に通うようになりました。

──いまは、映画を観る場所が映画館とは限らない時代です。堀さんの年代なら、映画館に行かない、という友人も多いのでは？

堀　同級生の友人たちと話していると「映画は料金が高いから行かない」「少し待てばすぐDVDになる」という言葉をたびたび聞くので、とても寂しい気持ちになります。家で友だちとワイワイ映画を観るのも楽しいですが、映画館で観る映画は、その時、一緒に観るお客さんの雰囲気も含めて一度限りの映画体験だと思うんです。だから、もっと映画館に行くことが身近になったらいいのにな、と思います。

──俳優として、映画を「見せる」側でもある堀さん。今後、どのように映画と関わっていきたいですか。

堀　出演作が上映されるときは、みなさまと一緒に観て、感じて、時間を共有していけたらいいな。先日、ジャック＆ベティで開催された映画祭で、主演作『空（カラ）の味』（17）が上映されたとき、普段は映画をあまり観ない友達が観にきてくれたのがとても嬉しかったので、いつかジャック＆ベティで出演作をロードショーしてもらえるように頑張りたいです。

《プロフィール》

堀春菜（ほり・はるな）

1997年、神奈川県生まれ。2014年、映画『ガンバレとかうるせぇ』主演で映画デビュー。その後も『time』（中川駿監督）、『ぼくらのさいご』（石橋夕帆監督）に立て続けに主演。16年は主演映画『空（カラ）の味』（塚田万理奈監督）が第10回田辺・弁慶映画祭で弁慶グランプリ含む4冠に輝き、女優賞も受賞。舞台やテレビドラマでも活躍中。

映画はいつもふらっと観たい！

李潤希の〝映画〟対話

取材＝朴美和　イラストレーション＝Lee Yuni　撮影・文＝小笠原正勝

阿部久瑠美×李潤希

映画祭で お腹こわした！

ユニ　今日は久瑠美ちゃんと映画の話をしようと思うのですが、何から話しましょうか？

久瑠美　そういえば今まであまり映画の話をしたことなかったですね。二人で映画を観ることもあまりなかった。

ユニ　私はだいたい一人で行くことが多いのですが、家族に連れてってもらえる時はお金を払ってもらえるから付いて行くという感じ（笑）。ところで、私が最初に久瑠美ちゃんを見かけたのは明治学院大学で、四方田（犬彦）先生の講義でしたね。学部の講義だったので、見たことない生徒だなと思っていたら、先輩だったという…。でも飲んだりする時に、友達に呼ばれて外で会う方が多かったと思います。

久瑠美　ユニちゃんは学部にいたから、基本的な接点はほとんど無かったけど、釜山映画祭は一緒に行ったのですよ。

ユニ　そうそう、院生がみんなで行くというのでついて行きました。うちの父親とか叔母が仕事で来ていたからそれもあって。確かその時、幹事のような役をしてくれたのが久瑠美ちゃんで、みんなの旅費を集めたりしてくれましたよね。だけど私、1日目にものすごくお腹壊して…何日も胃が痛くて、実はほとんど映画が観られなかったの…。

映画祭は 遊び感覚なので…

ユニ　あの時の釜山映画祭ではどんな映画を上映していたかな。なにか大きい映画あったっけ？

久瑠美　釜山では必ず韓国映画のレトロスペクティブをやるので、ここでしか観られないものをと思って私はハン・ヒョンモ監督の作品をできるだけ観た記憶があります。

ユニ　私はあまり覚えてないですね。インドのワンダーウーマンみたいなのを観たのは覚えているけど。

久瑠美　私はホン・サンスが大好きなんですが、彼の映画を観たのはその時が初めてだった。『夜と昼』というタイトルで、日本だと『アバンチュールはパリで』になっていたけど（笑）。それ観て面白いなと。エリック・ロメールみたい！と思ったら、すでにどこかにそう書いてあった。しかも、そのときの審査委員長がアンナ・カリーナで彼女の映画もやっていて、ミーハーな好奇心でそれは観ました。

ユニ　どこかの映画祭にアンナ・カリーナが来ていたとは思ったけど、山形じゃなかったね（笑）。映画祭ってとにかく「祭！」って感じが好きで。だから気が向いたら観ようかなぐらいでいつも遊び感覚で行っちゃう。最初は、教授からも「映画のお祭りだから行ってみなさい」と言われた気がします。

映画はいつも ふらっと観たい！

久瑠美　釜山映画祭はその頃、外国人はネットで前売り券を買えなかったのですよ。当日の朝並んでその日の映画を買わなくちゃいけなくて。ユニちゃん朝が弱いから（笑）、分っていれば代わりに買っておくみたいな。

ユニ　映画祭っていつもそうなのだけど、あそこまで広いと、何を観ていいか分らないのよ…。突然観たいと思って買おうとしたら、二日前までしかチケット買えませんって言われたりね。えっ、そうだったの？とか。でもその頃には帰らなきゃならなかったりして…（笑）。

久瑠美　昨日ちょうどお客さんに言われて気が付いたんですけど、川喜多（映画記念館）も座席数少ないから、人気の映画は早くに売り切れちゃう。お客さんに文句言われたのは「映画って、ふらっと観に行きたいものだから」と言われて、本当にそうだと思って。映画を観にくくさせているようで、ごめんなさいと思わず謝りました。

ユニ　ふらっと観に行きたい！映画祭は、ふらっと入れないシステムになっちゃっている感じね。

この映画やらせてください！

久瑠美　私は以前、川崎市市民ミュージアムで仕事していて、半年後に自分が担当で「食」をテーマの特集をやることが決まっている中で山形国際ドキュメンタリー映画祭に行きました。そこで偶然『ある精肉店のはなし』を観て、これ絶対やろう！と思って、ドキドキしながら監督に「やらせてください！」と言ったの。横にいた配給の人にも「映画館ではなくて、市民ミュージアムなのですけど」って言ったらその人、ポレポレの石川さんだった。この作品は公開されてロングラン大ヒットしましたね。

ユニ　石川さんは私の高校の先輩だったの。

久瑠美　そうだったの。そのときはまだ知り合いじゃなくて「こんな弱小の施設なのですが」みたいな感じで頼んだのね。普通は一般公開も全部終わってからの上映になるので、タイミング的に全く早かったけど、結局やらせてもらえたのです。

ユニ　それはよかったね。

久瑠美　山形だと大体みんな飲みに行くお店は決まっているじゃないですか。おでんを食べに行ったら、崔洋一監督がいて「精肉店、よかったね」いう話で盛り上がって。それが私の最後の企画で、それで市民ミュージアムは辞めたのです。私は世界の映画祭はほとんど知らないけど、山形だけは行っています。理想は山形がない年は釜山に行くこと。

ユニ　ドキュメンタリーの映画祭といえば、ゆふいん文化・記録映画祭は、今年で一応終わりということになったようです。あれは夏の映画祭とは別で、完全に由布院の人たちで運営しているのですが、実行委員長が亡くなってしまったとかで…。結局行けず終いでした。

韓国映画ってここがすごい！

ユニ　韓国映画は好きだけど、周りの韓国映画好きの人より観てないですよ。久瑠美ちゃんもそうだろうし、他の人の方がたくさん観ていると思います。

久瑠美　自分がこの国の映画が好きって認識があるのが韓国映画ですね。すごいと思う。

ユニ　すごいよね、韓国映画は完全に産業として成り立っているから。『シュリ』という映画は韓国映画産業の黎明期にあたるそうで、本国では『タイタニック』の動員を越えたとか。

久瑠美　映画館はシネコンばかりな印象があってちょっと味気ないけど。

ユニ　私が少し関わった作品で行ったときは、シネコンの中のわりと小さめのスクリーンでの上映だったけれど、日本で観た時には聞こえなかった音が聴こえてきて。主人公がお母さんと電話するラストシーンなのですが、向こうの台詞が聞き取れた瞬間に物語がすごく広がるんです。上映設備のクオリティにとても感激した。韓国映画は、一本にかけるお金と労力が違うよね。悲劇的な場所というのもあって、ドラマの根底にはやはり、韓国の人達の強い想いみたいなものがあるように感じるし、どれも完成度が高くて…。

久瑠美　隣同士で顔も似ていて、でも全然違うよね。
ユニ　確実に違うよね。例えば、「まだこんな村あるの？」みたいな所とかよく出てくるし（笑）。そういうコミュニティーの在り方とか先輩後輩の関係性にしても、日本よりも総じて激しい。だからある意味での「生きづらさ」みたいなものや、強い葛藤が特有のドラマになっているのかなって。
久瑠美　韓国は国家としての戦略はすごいし、よくは知らないけど、脚本のコンペがあって通れば投資してもらえるシステムがあるみたい。だから新人でもオリジナル脚本で勝負できる土壌がある。『チェイサー』のナ・ホンジン監督もあれがデビュー作とは思えないほどアイディアも脚本も映画の完成度もすごかったね。
ユニ　企画制作会社が資金を負担しなくてもちゃんと権利が与えられて、お金が入ってくるシステムもあるみたいだしね。それと、優秀な学生や新人の教育に力を入れているし。
久瑠美　日本は配給が儲け過ぎだって言いますよね。
ユニ　あんまり稼げないと若手も夢が遠ざかるし…。日本もTVドラマの劇場版や人気漫画の実写化ばかりでなく、どんなジャンルの映画でも、もう少し認められる土壌が欲しいですね（笑）。
久瑠美　監督って大事じゃないですか。私は今でも監督の名前で観る映画が多いけど、韓国の映画ってハリウッド大作みたいになってもちゃんと監督の映画として機能している。

映画を撮ると言って撮らない！

ユニ　ところで、もともと何で仏文科にいたの？外語大の仏文科（正確にはフランス語学科）でしょ。それで明学の映像の大学院に入った。何をきっかけにそうなったの？
久瑠美　よく知っているね（笑）。外語大って言われると、そういえばそうだったという感じ。でも私も最初大学に入る時から映画はやりたかったのです。何個か仏文系の学校を受けていたけども早稲田に行ったら、映画を選ぶつもりだった。で、外語大で交換留学の試験があって受けたけど結局落ちて、日本にいて何をしようかなと思っていた時に、映画美学校の上映専門家養成講座があったの。親に頼んでお金出して貰ったら、そこには映画をすごく愛する人たちがズラーッといて、暇だったのでめちゃくちゃ映画を観ました。
ユニ　私も中学三年のある時期から、やたらビデオ屋に通っていましたね。高校の間は、大学で映画の勉強がしたいなと思いながら過ごしていました。
久瑠美　映画と関わっていきたいと具体的になったタイミングはあるの？
ユニ　映画を作る側にいたいとは前から思っていたけど、自分が何をしたいかということまではつい最近まで分からなかった。映画は宣伝美術も魅力だし、デザインするのも好きだけど「デザイナー」っていうだけになりたいと思ったことはないの。映画のデザインってまず一番わかり易いかたちで作品が他人の手元に届く瞬間だと思っていて、思い出してみると、子どもの頃からそこにすごくわくわくしたのね。
久瑠美　そうね。私も最初は映画って作るしかないと思っていたから、アップリンクの夏休み短

川崎市市民ミュージアム・チラシ「タベルことにまつわること」／「タベルこと、イキルこと」

期講座に行ったことがある。その時に何万もするデジタルカメラも買った。その時になぜか褒められたのです。浅井さんに。

ユニ　観たいな。面白そう！

久瑠美　今でもあれは幻だったのではないかと思うけど。イメージフォーラムに行けばと言われて、その時は私すごい！と思ったんだけど、一向に作らない自分がいて。あ～私はだめなんだと諦めた。

ユニ　講座ではどういう風に作って行ったの？

久瑠美　勝手にグループ分けされて、グループ内で協力し合って一人一作品ずつ作る。私が一番ガキで韓国か中国のお兄さんのような人と定年を迎えたおじさん、はみ出し者の三人が組まされたの。おじさんとお兄さんが親子で、若くして亡くなったお母さんのお墓参りに行くのを谷中霊園で撮った。親子で確執があったのを匂わせながら、淡々とね。その頃、行定勳監督の『きょうのできごと』という映画があって、主演の妻夫木は映画を撮る、撮ると言いながら撮らない役だった。それを見て、私も同じじゃんって。表現することへの憧れだけがあって実行力はない。そんなこんなで上映講座に行き着きました。

ユニ　映画を撮る、撮る、と言って撮らないのは私もだからね（笑）。結局、恐れの方が多いのだと思う。

久瑠美　撮らずにいられない衝動みたいなものはないのかと、思ったりする。ぴあフィルムフェスティバルでは高校生で撮って入選しているじゃないですか。

ユニ　でも衝動それ自体は年齢ではないと思う。年齢とともに腰が重くなるということはあるし、若い時からやっているからこそライフワークになっている人はいますけど。

近親相姦の話、好きなのです。

久瑠美　観る映画をどうやって選ぶのか？ありがちですけど、寺山修司や三島由紀夫の名前に惹かれて高校時代にラピュタ阿佐ヶ谷の特集に行ったことがあって、そのときATGの『初恋・地獄篇』と『音楽』を観たのをよく覚えているのね。金子國義も好きで、彼が『初恋・地獄篇』の美術を手掛けていたのもあって。映画自体は生々しくて好きではなかったけれど、その頃から近親相姦が好きでした。私、一人っ子なのもあって、近親相姦に凄い憧れがあるみたい。いまだに自分の中で熱い言葉。

ユニ　ホットワードね。私は逆で、近親相姦って言うだけで観に行かないかも（笑）。

久瑠美　大学へ入ってからも「近親相姦映画」で検索して『無常』を観た。中三の時にレオス・カラックスの『ポーラX』をシネマライズでやっていて一回観たときに凄い衝撃で二回観に行った。友だちは『シックス・センス』を観に行くと言うので迷ったけれど、私は『ポーラX』にすると言って渋谷で別れたの（笑）。それで仏文だったから『ポーラX』で卒論を書きました。

ユニ　『ポーラX』はまだ観てないから、いまそれを聞いてもう観ないかもしれないよ（笑）。

久瑠美　その時、人生でこれ以上ないくらい近親相姦ってワードを打ち込んだ。でも私の好きな近親相姦は親子じゃなくて、兄妹（姉弟）の関係にかぎるんだけど。だから『冬のソナタ』もハマったけど、実は血が繋がってなかったという解決が一番嫌い。

ユニ それはやっぱり一人っ子だからだろうね。幻想というか。私なんか弟妹たくさんいるし、全然考えられないですよ（笑）。

久瑠美 究極の愛みたいな。だから逆に今の悩みが、普通の人なら観て然るべき映画を本当に観てなくて。結構、偏りがある映画遍歴なのです。

ずっと青春映画が好き!

ユニ 私は「みんなで頑張る」みたいな映画が好きで（笑）。特にアラン・パーカーの『ザ・コミットメンツ』という映画が大好きなのね。

久瑠美 そうなんだ、私それ知らない。

ユニ うらぶれたダブリンの街で、労働者階級の若者達が、「白人だけどブラック・ミュージックをやるんだ!」って、ソウルバンドを始めるの。フリーターみたいな、調子のいい男が集めた輩にソウルバンドを結成させて、売れっ子バンドのマネジメントで金持ちになって、この街から出て行くぜ!みたいな話。例えば『ウォーターボーイズ』の「男子×シンクロ」とか、「白人×ソウル」とか、意外なモチーフ同士から奮闘するドラマ。まあ、そういうネタは出尽くしているけど、とりあえず青春映画が好きなんですよ。自分がうらぶれた人間だったから「みんなで海へ行く」とか「みんなでドライヴ」とかしたかったけどなかなか出来なかった。いつも独りで映画を観て。高校生のクセに、「なんていい青春映画なんだろう!」とか（笑）。『アメリカン・グラフィティ』なんかもいいよね。自分になかった青春の投影なのかな。だから、ずっと「青春映画」っていうものに憧れているの。作るんだったら青春映画を作りたい!

映画『初恋:地獄篇』1968

久瑠美 なるほどね。意外だけど面白い。

ユニ 獲得できなかった青春を、映画を作ることで獲得しようとしているのかも。だって映画を作ったら仲間ができるでしょ?そういう「共有」とか「映画」の繋げる力みたいなものが、やっぱり魅力的だなって。

・・・根暗ですね!

久瑠美 映画ってすごく矛盾していると思う時がある。暗闇の中で一人になれる感覚が好きだし、人と仲良く出来ない人たちにとっての救いのような部分もあるけど、作るという意味では一人では作れない。本当に繋がっていかないと出来ない、映画は。

ユニ でも「劇場」がある以上、本質的に〝多勢で作ったあと多勢で観るもの〟だという前提のなかにあるはずだよね。「個人」ではあるけれど。各個人たちがいっぱい集まって観ているのがいいところなのじゃないかな。

久瑠美 そうか。本当の意味では一人ではないのね。

ユニ だから結局、総じて寂しがり屋のものでしょ、映画って（笑）。根本は根暗!

鎌倉市川喜多映画記念館展示チラシ「映画と音楽の素敵な出会い」／「ヨーロッパ映画紀行」／「映画が恋した世界の文学」

まず、映画が面白そうなこと！

久瑠美　ユニちゃんには今鎌倉（川喜多映画記念館）の仕事をしてもらっていて、色々制約もあって、いい面も悪い面もある中でやってくれていると思います。自分で映画を見せたい、伝えたいと思ったとき何を一番考える？

ユニ　デザインする時はまず単純に、「面白そうに見える」こと。記念館も映画をよく知っている人が来ると思うけど、映画を知らない人にも観てほしいと思うし、誰にでもわかるように作りたいと思うかな。バランスが色々あるけれど。

久瑠美　川崎市市民ミュージアムの時はチラシのフォーマットが決まっていたからデザイナーさんがそこに流し込んでいた。だから面白そうなチラシを作りたいという欲求は常にあったのね。川崎も昔は特集ごとにかっこいいのを作っていて、聞いたら、その都度コンペ形式で、新進デザイナーに頼んでいたらしい。色々問題はあったみたいだけど。今は川崎もそうだけど鎌倉は指定管理で、民間が請け負うことでより面白そうなチラシを作れる環境にあるはずなんです。だからいま、ユニちゃんにお願いしているし、その都度デザイナーさんと面白そうなものを作っていけると思うし、ポップさがもっと出てきていいと思っているの。制約が多い中でも。

鎌倉市川喜多記念館展示室風景

映画、好きなのか嫌いなのか！

久瑠美　ユニちゃんのように小さい頃から自然に映画の世界にいた人ならではの映画との関係性があるのかなと思っているのですがいかがですか？

ユニ　別にそんなことはないと思いますが…私はたまたまこういう人間だから…。

久瑠美　でも、映画って昔から観る機会は多かったの？

ユニ　どうだろうね。子どもの時は買ってもらったビデオを何回も観るけど、その歳であんなの観ていたのって言われたりすることはたまにある（笑）。

久瑠美　お父さんが映画の話をしてくれたとか、連れて行ってくれたことは？

ユニ　そういう時はトム・クルーズの映画とかですよ（笑）。『００７』とか『ミッション：インポッシブル』とか地元の駅前でもやっているようなアクション大作。トミー・リー・ジョーンズの『追跡者』とかも好きでしたね。バンバンやったり、爆発したり、わーいって観ちゃうんです。そういうところから入門しているから、なんでも好きだけど、普通に観ていて楽しい映画が好きですね。だから青春映画にもなってくる。

久瑠美　私はトム・クルーズの映画などは全く観てなくて。対照的ですよね。映画好きと言っているけど、本当に映画が好きなのか最近よくわからない。

ユニ　でも、色んな映画があるわけだし、大作や名作を観たから偉いのかって言われたら全然違うじゃない。ところで、久瑠美ちゃんにはこれから何か具体的な展望があったりするのかしら？

生き方は色々あるから・・・

久瑠美　私、本当に固まらない人間で。いま大学院は満期退学しているんだけど博士論文は書きたいと思っている。今の仕事を突き詰めるという考え方もあるけど、一方で研究も（向いてないと思いながら）したいというのもあって一つに定まらない。ただ両方あるからバランスがとれるところもあって、今後の展望が一番わからないのよ。論文は出さないと大きな挫折を背負うことになるからとにかく出したい。それだけは確か。

ユニ　明確な展望が読めないというのは、私自身にもすごくありますね。その、論文のテーマは決まっているの？

久瑠美　それは何年も前から持っているのだけど深まらない。ヤクザ映画なのですよ。東映の。

ユニ　ヤクザ映画だったの!?私、内容とタイトルが混ざっているよ（笑）。でもなぜそれに？

久瑠美　四方田先生が辞めた後に1年間上野昂志さんに非常勤で教えてもらって、その時に決めました。いずれにしても論文を書いてからその先のことを考えます。

ユニ　そういう私も定まらない事ばっかりだけど、まあ、生き方は色々あるものね。何か一つの肩書きに収めようとしてもしょうがないから。

［2017年6月29日 新宿らんぶるにて］

阿部久瑠美（あべ・くるみ）

明治学院大学大学院博士課程在学中より川崎市市民ミュージアムにて映画部門の非常勤学芸員を務める。その後国際交流基金を経て、現在鎌倉市川喜多映画記念館学芸員。大学院は満期退学、ただし東映任侠映画についての博論提出を目指している。これまでに手掛けた企画は《大島渚のドキュメンタリー》「タベルことにまつわること」と関連上映《タベルこと、イキルこと》（川崎）、「映画が恋した世界の文学」「ヨーロッパ映画紀行」（鎌倉）など。9月15日から開催予定の「映画衣裳デザイナー　黒澤和子の仕事」を目下準備中。（《 》は上映、「 」は展示）

J&M Gallery

Vol.2 映画演劇デザイン塾作品 *Graphic Design*

池袋西武コミュニティカレッジの映画ポスター・ワークショップの成果を受けて、1998年から2003年まで開講した映画演劇デザイン塾(主宰＝小笠原正勝)の生徒の作品である。

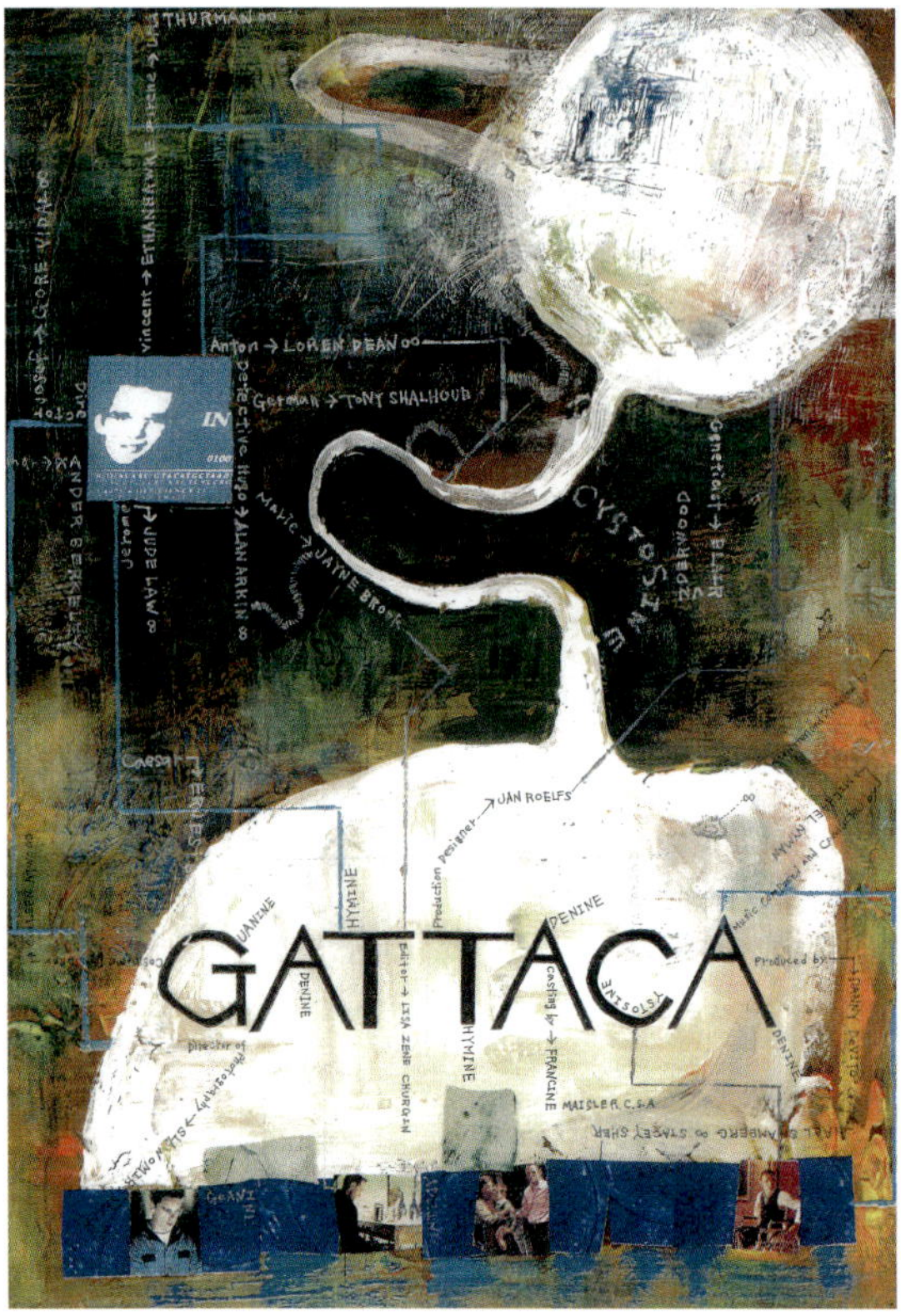

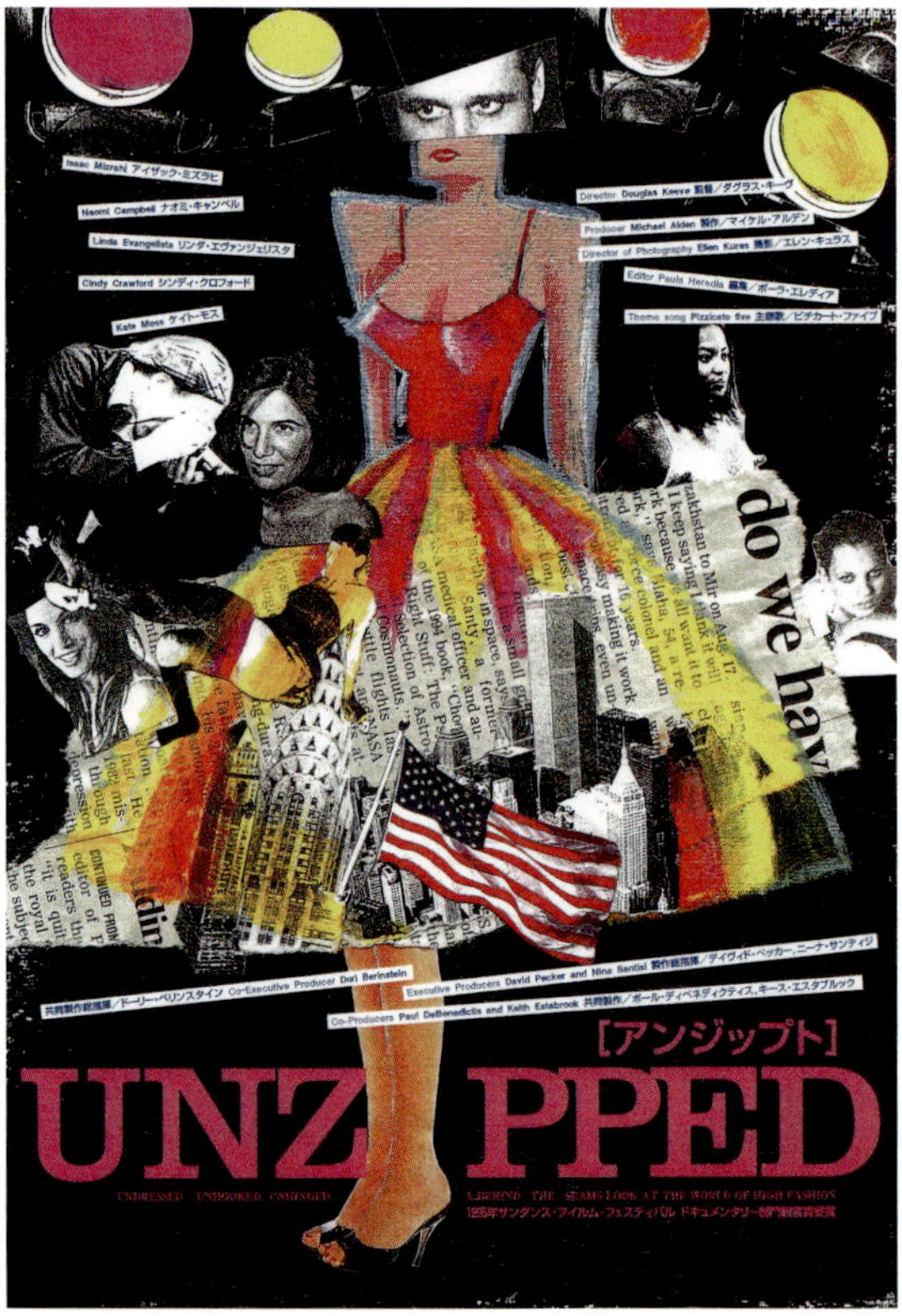

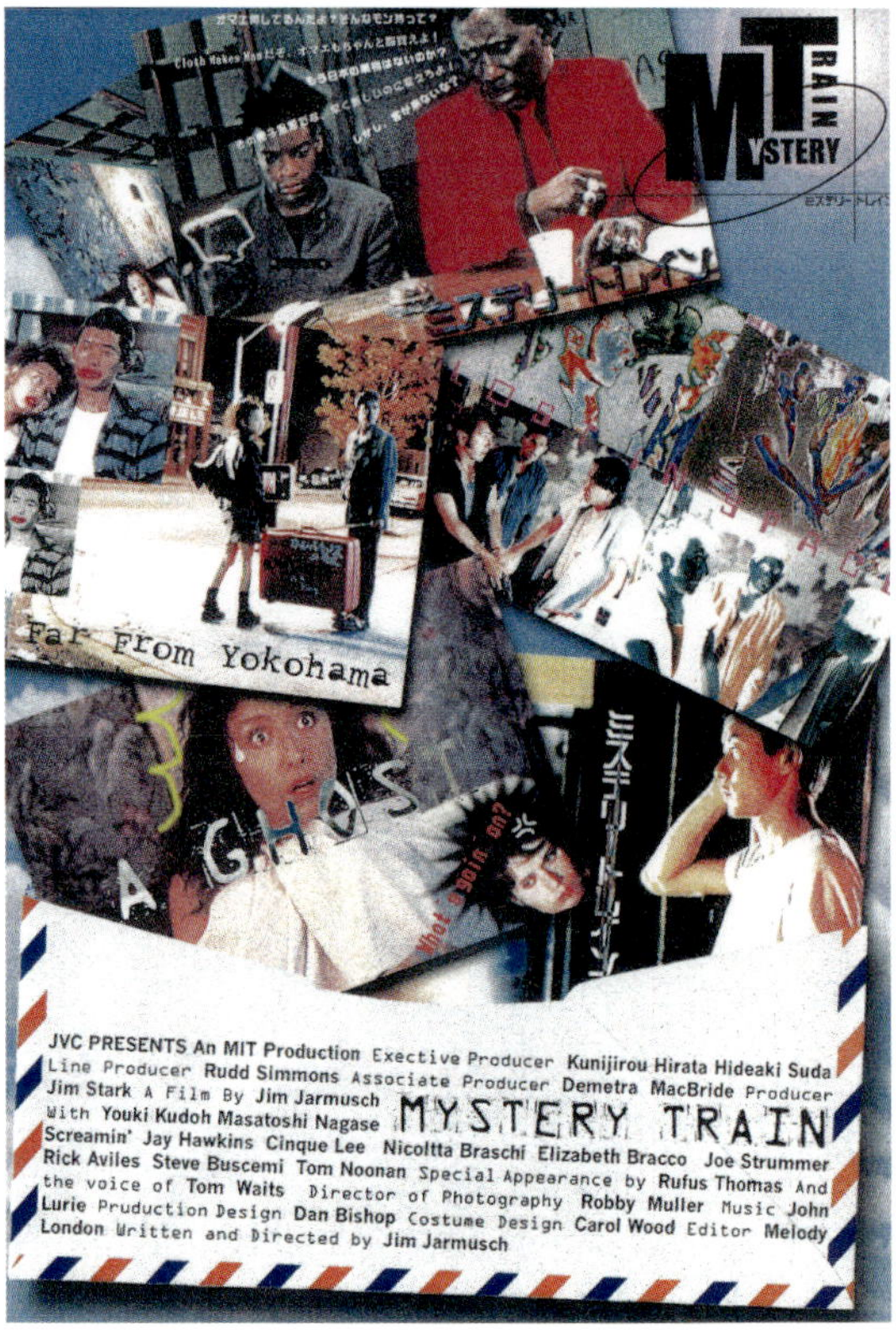

「アンジップト」今井晶子／「GATTACA」佐藤幸子／「ミステリー・トレイン」佐藤幸子／「トリコロール・青の愛」黒澤文子

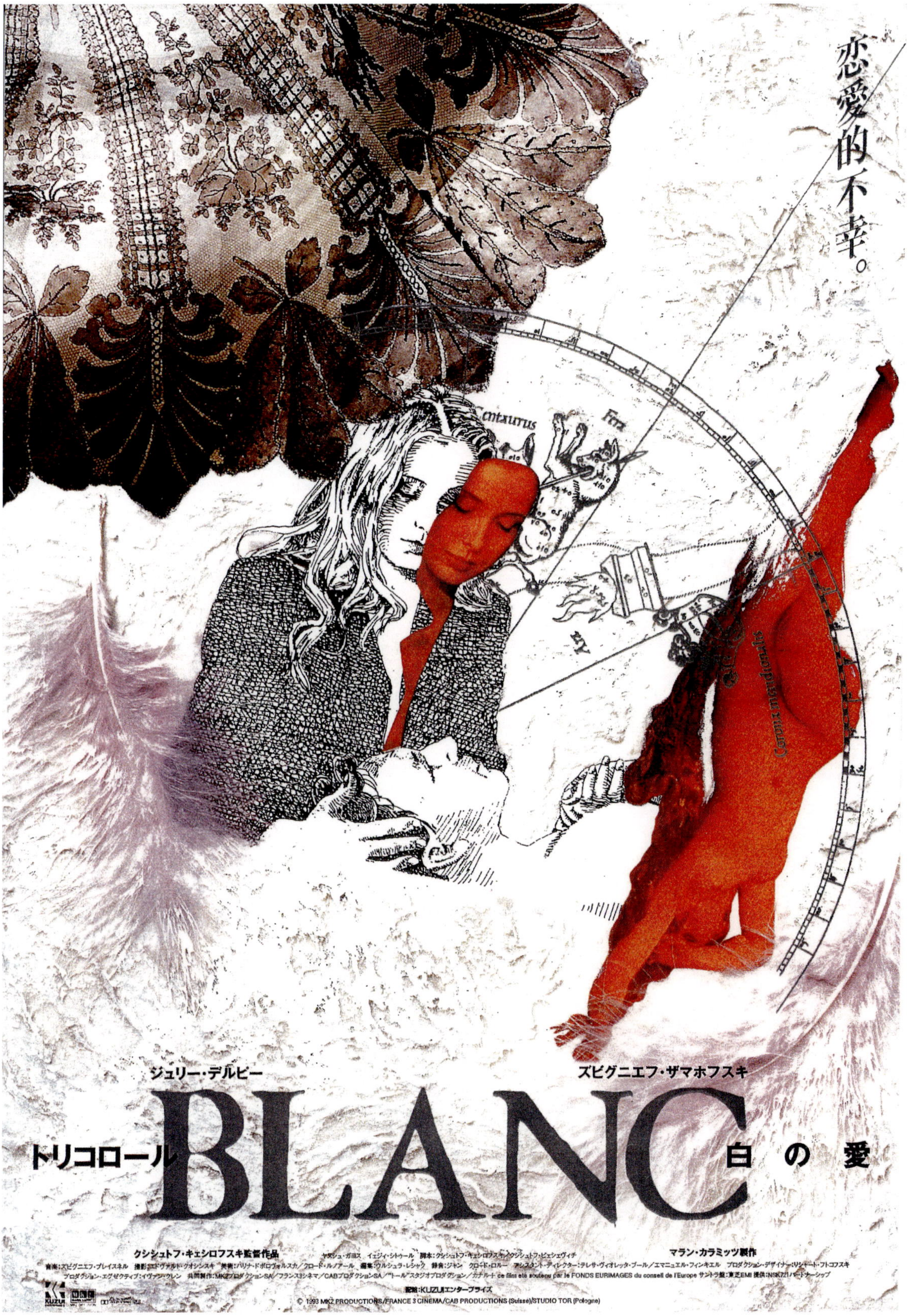

「トリコロール・白の愛」今井晶子

「A MIDSUMMER NIGHT'S DREAM」佐藤幸子

「天使の涙」有馬小百合／「毛皮のマリー」柴崎あけみ／「ミステリー・トレイン」倉持正徳／「おかえり」有馬小百合

から少し遠いところにあるミニシアターに足を運んだり、気になった映画の公開日を手帳にメモしておいて、早く始まらないかな、とわくわくしたり。ロビーに入るときはいまだにちょっぴり緊張してしまうけれど。

小さいころからの想いや憧れがなくなったわけではない。少しずつ少しずつ近づいてようやく隣に立てた、遠くからただ眺めていただけの人と、やっと目を見て話せるようになった。そんな感じ。

普通の恋と違って、この片想いには終わりがない。両想いもなければ失恋もない。映画館を嫌いになる、なんてことは、きっと私にはできないだろう。

なんとなく思い立って会いに行って、じゃあね、ありがとう、楽しかったと手を振って帰って来る。そういうつかず離れずの気ままな付き合いを、これからも続けていきたいと思っている。

「Bande à part」 今村 嶺 学生・21歳

1964年に『はなればなれに』（原題『はずれた一味』）は公開された。監督はジャンリュック＝シネマ＝ゴダール。撮影ラウル・クタール。音楽ミシェル・グラン。

原作はアメリカの女流作家ドロレス・ヒッチェンズの犯罪小説「愚か者の黄金（1958）」。ゴダールと主演のアンナ・カリーナが設立した製作会社「アヌーシュカ・フィルム」の第一弾作品。二人の男フランツとアルチュール、一人の女オディールの犯罪計画や恋模様を軽快にコメディタッチで描いたメロドラマだ。

これが今年また劇場公開された。それ以前にDVDでは観たことはあったが映画館で観れるならばと観に行った。最初に家のテレビで観たときより断然よかった。暗闇の中大きなスクリーンに映されるモノクロのラウル・クタールのキャメラは素晴らしいし、ミシェル・グランのポップな音楽が流れるだけで楽しいのだ。ほとんどの劇場では上映が終了してしまっているが一部の劇場ではまだ上映が残っていたりするかもしれない、映画は観てからじゃないとわからないのでゴダールが苦手だという人にも一度観てもらいたい。

この映画に限らずとも当たり前だが映画は映画館で観るものである。しかし、最近はあまり劇場に映画を観に行かなくなってきているが。パソコンやスマートフォンなどで簡単にしかも安く観れるからなのか。だけど、そんなもので観たって何も意味ないのだ。映画は映画館で観なければ。ゴダールだってそう思っているはず、たぶん。それは他の映画に携わっている人だってそう思っていると思う。もし、これを今読んでいる人は映画館へ是非足を運んでほしい。暗闇の中で今観ている映画と自分だけの時間を感じてほしいから。

さて、今日はなにを観ようかな？

映画作品や映画館にまつわるエピソード、思い出、作品評などをお寄せください。

投稿はメールで j.mamenoki@gmail.com まで。タイトル「わたしの映画感」として、お名前、職業、年齢とともにお送りください。

わたしの映画感　わたしの映画館

「スクリーンへ愛をこめて」原野美優　学生・22歳

長い間、私は「映画館」に片想いしていた。こいつは一体何を言っているんだろう、と思われるかもしれないが、本当にそんな状態だったのだ。

子供のころ、私は人口300人足らずの小さな集落に住んでいた。森や空、一面に広がる青田は美しいけれど、ほんとうにそれしかない、吉幾三の「おら東京さ行くだ」を体現したような場所。最寄りの映画館までは車で片道2時間ほど。そんなところにしょっちゅう連れて行ってもらえるはずがない。映画を観に行きたいと駄々をこねては、遠いからダメだと却下される。この繰り返し。バスも電車もないので、ひとりで行くことも不可能。私にとって映画館は、遊園地と同じくらい憧れの場所だったのだ。

だから、たまに連れて行ってもらえた時は本当にうれしかった。ざわざわしたロビー、ポップコーンの香り、開演のブザー。落ちる照明と、それに合わせて静かになる客席。大きな音、興味をそそる予告編、テーマ曲、大画面いっぱいに映し出される映像。エンディングとエンドロール。全部にどきどきわくわくして、家に帰った後も余韻が残り続けていて、眠ると夢に映画の内容が出てくる。楽しかったなあ、と思い返しては、次はいつ行けるんだろう、とため息をつく。まるで休みの日に偶然好きな人と会えてはしゃぐ女の子みたいだった。

私が自由に映画を観られるようになったのは、実家を出て高校の寮に入ってからだ。私の高校は「映画の街」として昔から栄えた街にあった。徒歩圏内に映画館がいくつもある。行き放題、のはずだった。しかし、私はその街に住んでいた間、3回しか映画を観に行かなかった。いや、行けなかった。憧れというかなんというか、とにかくそういう想いをこじらせて逆に足が遠のいてしまったのだ。気恥ずかしくて入れない、チケットが買えない、ただフライヤーやCMを見てソワソワするだけ。この話を映画好きの同級生にしたところ、ものすごい呆れ顔をされた。いや、単純に行きなれてないだけなんだとは思ってるけど、どうしようもなく照れくさいんだよ。ほら、あれ、好きな人の隣の席にはなりたくない派っていうか、斜め後ろで見つめてたい派っていうか。そういう感じなんだよ。そう説明した私に対して「頭大丈夫?」と冷静に突っ込んでくれた友人M、ありがとう。正直全然大丈夫じゃなかった。大学に進学するためにその街を出ることになった私は、お別れするつもりで出発前夜に映画館に行った。サスペンスっぽいホラーがなんだかすごく切なかった。

そして今、この歳になってようやく映画館に慣れてきた。面白そうなのあるかな、と近くの映画館にふらっと立ち寄ったり、授業が終わって

第3回

映画館探訪

取材
柳下美恵
(サイレント映画ピアニスト)

新潟・高田世界館

新潟県上越市にある高田世界館。100年以上前に建てられたレトロな洋館で、当時の姿を残したまま営業を続ける映画館としては日本最古とも言われている。芝居小屋「高田座」として開業したのが1911年。5年後には「世界館」と名を変えて映画館となり、「高田東宝映画劇場」「高田セントラルシネマ」など数度の改称を経て、やがて「高田日活」という成人映画専門館となった。2007年までは常設館として営業していたが、建物の老朽化などの問題から個人オーナーによる経営維持が難しくなっていく。取り壊しの話が出る中で、市民や映画ファンが中心となって保存活動が始まり、2009年にはNPO法人「街なか映画館再生委員会」による新体制での運営がスタートした。

　話をうかがったのは、2014年から支配人を務める上野迪音さん。上野さんの他はアルバイトスタッフとボランティアでやりくりしている。企画から上映作品の選定、接客まで、上野さんの手がける作業は多岐にわたる。

柳下　上野さんは大学院在学中に、高田世界館で自主映画の上映会をしたことがきっかけでこちらの劇場に勤めることになったんですよね。ご自身で自主映画を撮っていたのですか?

上野　いえ、大学院で映画を学んではいましたが、自分で映画を作ることはしませんでした。僕が専攻していたのは映画評論です。

柳下　映画理論を学んでいたんですね。大学院は横浜で。

上野　ええ、横浜国立大学。

柳下　そのまま残って就職するというお考えはなかったのですか?

上野　そういう可能性もないことはなかったけれど、大学院で勉強したことをあまり就職に結びつけて考えていませんでした。僕はここ(高田)が地元で、地元に帰ってくることに抵抗がなかった。大学院で学んだことを地元に持ち帰るということを想定していなかったんですよ。教授が梅本洋一さんというカリスマ的な方で……。

柳下　梅本先生は私も存じ上げています。ゴダールやトリュフォーなど、フランスに造詣が深い方でした。高田世界館の上映プログラムを見ると、上野さんがセレクトしているのはフランス映画や旧作名画とは違いますよね。中には大学院時代の影響を受けてセレクトする作品もあるのでしょうか？

上野　いえ、大学で勉強していたことと、うちの劇場で上映している作品は、リンクしていないですね。ここ（高田世界館）はここととして、やっぱりゼロから始めないと。他で学んだことを持ち込んでもうまくはいきません。

柳下　たまにプロレス映画を上映しているのは……。

上野　あれは趣味です（笑）。

柳下　自分が学んできたことを反映しようと思うことはありませんか。

上野　それは押し付けないほうがいい。まずベースとして「人は映画を観ない」という大前提がある。そこからスタートしないとずれていく、ボタンの掛け違いが起きていくと思います。

柳下　いまはテレビで映画を観られるから、わざわざお金をかけて映画館に来なくてもいい、と考える人も多いですしね。

上野　そうですね。レンタルビデオもすぐ近所にあって、50円で借りられる。

柳下　でも、映画館のスクリーンはテレビとは比べられないくらい大きい。

上野　映画館にはそういう良さもあるし、もっと言えば、人々が街に足を向けることに、僕はすごく興味を持っているんです。

柳下　街と映画の関係性に興味を持ったのはいつ？

上野　それこそ梅本洋一さんが、都市文化とは映画館で映画を観ること、そして街を文化として享受すること、とおっしゃっていました。そういう意味では、今やっていることに梅本さんのエッセンスが含まれていますね。高田の街の文化が縮小していく中で、同じ時代に生きる人間として何ができるかを考えています。高田は刺激の少ない街ではありますが、逆に廃れ方がダイナミックではありまして（笑）。

柳下　そんなに廃れていますか？1年前に来た時と比べると、街の空き家が再生されてきているというか、カフェなどができて若い人が入ってきている印象があります。

上野　うーん、そういうお店って、いわばマイノリティなんですよね。多くの上越市民はそういうカフェに関心を持っていません。

柳下　なるほど、上越市民という目線で見るとそうですか。上越市の人口は……。

上野　20万人くらいです。高田エリアの中でも、うちの劇場がある地域はまだいいんです。高田世界館にしても町屋にしても古いものが残っていて、それが今になって脚光を浴び始めています。でも本来は「高田」というと、まずは商店街のある地域のことを指すんです。僕が小さい頃はまだ商店街にかっこいいお店も残っていたんですが、今ではそういうお店が少なくなり、商店街の買い物客が減って、みんな郊外の大型スーパーに行ってしまう。

高田世界館・エントランス

柳下　シネコンと同じ図式ですね。中心部に人が集まらない。ところで、高田世界館は106年前のオープン当時からほとんど外観が変わっていないんですよね。建物が残っているというだけなら他にもあるけれども、今でも営業を続けていて、外観がほぼ完全な形で残っている映画館というのはかなり珍しい。

上野　「古いのは素敵なことだ」というのは、高田という地域にとってもアピールポイントになりうるのではないかと思います。

柳下　ここで働くボランティアスタッフは、歴史の古さや建物の魅力に惹かれて応募してくる人が多いのでしょうか。

上野　いえ、今いるスタッフたちは、そういう理由で集まってきたわけではないですね。古い歴史に惹かれて来るというより、若い人たちが集まって何かやっているのがおもしろそうという感じ。何かやりたいという意識のある人たちは、街から出て行ってしまうことが多いので。

高田世界館・上から外観／映写室／場内

柳下　街と映画館の関わりはあると思いますが、高田世界館としては上越市民だけではなく、市外からのお客さんも見込んでいるんですよね。
上野　もちろん、プログラムを組むうえでは、上越市民だけを想定しているわけではありません。隣の市からもお客さんは来ます。例えば、柳下さんの「ピアノdeシネマ」（ピアノ伴奏つきのサイレント映画上映）は、市の事業委託で開催していますが、市外からも人を呼ぶんだという気持ちでやっています。
柳下　「ピアノdeシネマ」第2部として、8ミリのホームムービーに私がピアノ伴奏をつけるイベントをやりましたが、あれは本当にコミュニケーションツールとして使えますね。老人ホームなどでやってもいいかもしれない。ピアノ伴奏があるからというのはあるけれど、みんながワイワイ言いながらホームムービーを観るのが、和やかなコミュニケーションのツールになる。
上野　僕も、観客が上映に介入できるというのはすごくおもしろいと思っているんです。
柳下　ワークショップもそうだけど、みんな、何か一緒にやりたいんですよね。
上野　スクリーンから一方的に受け取るだけではなく、一緒に作ることのおもしろさ。それはプロレス映画も同じで、みんなで一緒にツッコミ入れたりしながら観るのが面白い。おじちゃんやおばちゃんが『この世界の片隅に』を観ながら「懐かしいね」なんてヒソヒソ話したりしているのもすごくいい。
柳下　東京だと「うるさい！」って言われたりしてしまうけれど。
上野　そういうシネフィル文化とは離れたところで、映画がどのように存在しうるのか、ということを今は探っているところです。だから僕が大学院で学んでいたこととは、まだまだ重ならないなと思います。

［2017年3月6日　町家交流館高田小町にて］

沖縄・桜坂劇場

沖縄県那覇市のメインストリートである国際通りから、桜坂中通りを上ったところに桜坂劇場はある。1952年に「珊瑚座」という芝居小屋として開業し、「桜坂琉映館」「桜坂シネコン琉映」と名を変え営業を続けたが2005年4月に閉館。3か月後に、映画『ナビィの恋』の監督、中江裕司さんらが「桜坂劇場」としてリニューアルオープンした。85席〜291席の3スクリーンあり、そのうちひとつはピアノが常設されている。また、カフェやセレクトショップ、〈体験型ワークショップ〉桜坂市民大学を併設。映画だけでなくライブなどの音楽イベントも頻繁に開催され、若い人からお年寄りまでが集う場所となっている。今回は支配人の下地久美子さん、映写技師の金城美樹さんと森脇万希子さん、そして中江さんとともに劇場を立ち上げた元スタッフの真喜屋力さんの4人に話をうかがった。

柳下　ラインナップを見ると、ミニシアター系の作品が多いですね。桜坂劇場になる前の「琉映」時代はどんな作品を上映していたのでしょうか？
真喜屋　琉映は、洋画系メジャーと東宝以外の作品を上映していました。ちなみに昔は街に小さな映画館がたくさんあって、名前に「琉映」が付く劇場が他にもたくさんあったんですよ。
柳下　その頃はまだ、ミニシアター系作品は存在しなかった？
真喜屋　本土にはあったけれど、沖縄で上映されることは少なかった。だから沖縄でもミニシアター系の作品を上映したいと、中江が配給会社と交渉して、デパートの多目的ホールで定期的にミニシアター系作品の上映会をしていたんです。そういう活動もあって、桜坂シネコン琉映が閉まる前に、中江のところに映画館をやらないかという話が来たので、じゃあやろう、ということになりました。

柳下　真喜屋さんは、中江さんとともに桜坂劇場を立ち上げたお一人ですね。

真喜屋　そうです。中江とは6歳違うのですが、琉球大学の映画研究会の先輩後輩の間柄です。中江が卒業後に自分で映画を撮る時に、手伝ってくれる後輩ということでスカウトされました。それから一緒に8ミリ映画を作って、映画館を借りて上映して。中江は当時から「映画は観客に観てもらって初めて完成する」と言っていたんですよ。

柳下　劇場運営にたずさわる前から、中江さんは撮ることだけでなく、見せることも意識していた。

真喜屋　僕が大学を卒業するタイミングでオムニバス映画『パイナップルツアーズ』（92）を作り、そのあと、実は一回映画館を作ったんです。

柳下　桜坂劇場とは別の映画館？

真喜屋　別です。「オークス・フェスティバル・シアター」といって、国際通りにあるビルの6階の、もともとディスコだった場所を改装してトリュフォーやゴダールを上映していました。観に来る人は少なくて1～2年で閉めてしまいましたが、当時の反省があって、桜坂劇場はもう少しソフトになったと思います。作品をセレクトしない、というか。

柳下　桜坂劇場では、上映作品のプログラミングはどなたが？

下地　オープン当時は真喜屋さんでした。他の劇場と違うのは、うちは劇場のカラーをなるべくつけたくないんです。メジャー作品はあまり上映できないので、サイズ感は限られるのですが、できるだけジャンルにこだわらずやりたい。

柳下　女性向けも、男性向けも。

下地　東京にあるミニシアターが全部集まったみたいに、ジャンルを問わずにいろんな人に観に来てほしい。なので、統一したイメージを作らないようにバランスは考えます。ちょっとゲスさが足りないなと思ったらゲスい作品を入れたり（笑）。

柳下　沖縄が舞台だったりロケ地になっていたりする映画も、よくかけていますよね。それは地元を応援したいという気持ちで？

下地　もちろんそういう気持ちもありますが、いちばんの理由は、お客さんが喜んでくれるから。沖縄の映画を上映したらたくさんの沖縄の人が喜んでくれる。それは上映する大きな動機になります。

柳下　新作だけでなく旧作を上映することも？

金城　特集上映のような形で旧作をかけることはあります。でも、旧作としてフィルム上映するより、デジタルリマスター版の新作という扱いでデジタル上映することのほうが多いですね。

柳下　私はサイレント映画ピアニストですから、昔の映画にすごく興味があるんです。ある文献で「戦後、沖縄の映画館ではハリウッド映画とサイレント映画を併映していた」と読んで、戦後にサイレント映画!?と驚きました。

真喜屋　戦前から、沖縄には劇団や芝居小屋が数多くありました。映画を作る人もいました。監督やカメラマンがいて、主に芝居小屋の人が劇団の役者で映画を撮って興行していたし、本土からも映画は来ました。戦争で全てなくなったけれど、戦後、米軍の許可をとって、また映画を始めた人たちがいたんですね。映画館も興行もたくさんあって、米軍から払い下げされた映画だけでは足りずに台湾などから闇ルートで映画を持ってきた。あればあるほど売れたんです。その中に戦前の古い日本映画があった。

柳下　作品が足りないから戦前のサイレント映画もやっていたと。どういう形で上映していたのでしょうか。

森脇　活弁はやっていたようですね。

柳下　活弁ですか。米軍占領下だから、アメリカ流にピアノ伴奏だけで上映していたのかなと思っていました。

真喜屋　戦前日本でやっていた活弁のスタイルがそのまま残ったんでしょうね。そうやって戦後、沖縄の興行はスタートして沖縄芝居小屋がどんどんできていく。そして最後に、ここ桜坂劇場の前身「珊瑚座」が作られました。

柳下　珊瑚座はすぐに映画館に変わってしまったんですよね。

真喜屋　映画のほうが儲かる時代で、沖縄芝居は撤退し、映画館になっていきました。

柳下　それが現在の桜坂劇場に繋がっていくわけですね。今後、劇場としての展望は？

下地　アニメやプロレスなどの濃いジャンル物もきちんと扱っていきたいですね。東京では限定的なジャンル物でもそれなりに人が集まるけど、沖縄は土地柄、集客が難しい。そこを怯えずにやっていきたいし、みんなが「自分の好きなものを上映している場所」だと思えるような劇場でいたいです。

［２０１７年2月20日 さんご座キッチンにて］

桜坂劇場・上から映写室／さんご座キッチン／場内客席

高田世界館

新潟県上越市本町6-4-21

☎025-520-7626

桜坂劇場

沖縄県那覇市牧志3-6-10

☎098-860-9555

柳下美恵（やなした・みえ）

愛知県生まれ。サイレント映画ピアニスト。武蔵野音楽大学卒業。ジャンルを横断した文化の拠点、スタジオ200に勤務後、サイレント映画の伴奏に携わる。デビューは1995年、朝日新聞社主催の映画生誕百年祭「光の誕生 リュミエール！」。国内、海外の映画館、映画祭などであらゆるジャンルの映画を伴奏。ピアノ常設館、横浜シネマ・ジャック＆ベティで1週間上映するなどサイレント映画の通常上映を目指している。2006年度日本映画ペンクラブ奨励賞受賞。海と温泉を愛する鎌倉市民。

沖縄映画館ツアー体験記

取材・文＝山岸文二

那覇市、国際通り。道の両側には泡盛やちんすこう、琉球ガラスなど沖縄の土産物店が建ち並ぶ。この目眩がするほどカラフルな通りは、戦前は湿地帯を抜ける道であり、戦後は焼け野原の寂しい一本道であった。追いはぎが出るとも言われた道は、ある映画館の登場により賑わいが生まれ、やがて沖縄の中心部となり、その姿は「奇跡の一マイル」と呼ばれるようになった。

２０１６年夏、私は那覇市中心部で開催された「まぼろしの映画館痕跡めぐり」という街歩きに参加した。

案内人は、ＮＰＯ法人シネマラボ突貫小僧の平良竜次さんと當間早志さん。お二人は、沖縄県内にあった映画館の記録をまとめ、２０１４年に「沖縄まぼろし映画館」（ボーダーインク発行）という本を出している（労作なので映画館好きには是非お勧めです）。

沖縄の夏は猛烈な日差しのため、街歩きは夕方5時に国際通りの「那覇市ぶんか てんぶす館」からスタートした。

１９４５年、太平洋戦争で沖縄・那覇の街はほとんどが灰燼と化した。終戦後は米軍の統治下に置かれることになり、那覇は接収され人々は中北部にある収容所へと集められた。やがて生活に必要な陶器を作ることが出来る壺屋の陶工が最初に街へ復帰した。やがて人々が戻り始め、その周辺に闇市（公設市場の前身）が生まれた。

１９４７年12月、実業家・高良一は、米軍から正式に映画興行の認可を受けた。そして翌年の１９４８年1月、牧志の近くに「アーニーパイル国際劇場」を開館した。場所は、丁度説明を受けている「てんぶす館」である。

「実は戦後の映画上映は、仮設の芝居小屋などでも行われていたようです。しかし〝公的な許可を得た映画興行を中心とした常設映画館〟という点で、このアーニーパイル国際劇場が戦後の沖縄映画興行の始まりであったと思います。一民間人の高良一がなぜ米軍の許可を取れたのかは謎ですが、アーニーパイルという名前は、伊江島で戦死した米軍の従軍記者の名前で、そうした配慮も許可を得られた理由の一つでしょう。」

劇場が出来てもフィルムが無ければ映画興行は成り立たない。このフィルムの確保の方法が極めて沖縄的で面白い。

「沖縄は戦争でフィルムも消失し、また米軍統治下で日本の配給会社から直接借りることは出来ません。しかし、戦争の影響が少なかった宮古島や八重山諸島などの離島に残っていた戦前のフィルムや台湾からの密輸入などで調達していました。更に、奄美ルートと呼ばれる方法で、日本のフィルムも密輸入していました。九州からの密輸入フィルムを当時米軍統治下の奄美で上映する際に地元警察署長の興行認可を得て、次はそれを沖縄本島へ持ってくると問題なく上映できたのです。この方法で奄美のブローカーは巨額の利益を得て、沖縄の映画館の株、俗に言う〝大島株〟を買い貯めました。これが後に映画館の経営に影響を及ぼすわけです。」

また、これら密輸入のフィルムは保存状態が悪く、特に音声はひどかった。そこで劇場側は音声を消して、代わりに活弁士をつけて上映するなど、トーキーにわざわざ活弁士をつける沖縄独特の上映方法があった。

アーニーパイル国際劇場の成功により、周辺に多くの映画館が誕生した。やがて、戦後まもなく牧志大通りと呼ばれていた通りは、巨大な商店街となり、映画館の名称から「国際通り」と名前を変えた。

引き続き、街歩きは、周辺の映画館の跡地を探訪する。

てんぷす館のすぐ隣に公設市場へと繋がる「平和通り商店街」というアーケードがある。

通りに入ってすぐ左に細長い路地があるが、かつてこの路地の先には１９５０年開館の「平和館」があった。経営者はアーニーパイル国際劇場と同じ高良一である。

平良さんが当時の俯瞰写真を見せながら説明してくれる。

「写真のとおり、平和館と国際劇場は建物が繋がっていました。いわば現在のシネコンのはしりになります。映画館はすでに無くなっていますが、この細い路地が当時の名残であり、平和通り商店街の原点であります。また写真に写っている劇場の隣のらせん階段の付いたビルは、今でも商店街の後ろにあります。」

平和館への入り口の名残

このビルの前に移動する。これこそ街歩きの醍醐味であるが、例えお目当ての物件が無くても、周りにわずかに残る痕跡を基に写真などを見ながら、自分で当時の姿を想像する。この細い路地の先から多くの観客が出てくるような錯覚に陥るのが楽しい。

続いて、牧志駅方面へ歩き、途中のオリオン通りに入ると、すぐ先に最近出来た「国際通り屋台村」がある。

この場所には、オリオン通りの名称の由来である「グランドオリオン」という映画館があった。

開館は１９５５年、沖縄の配給チェーンオリオン興行による直営館である。

この沖縄独特の配給チェーンの話が面白い。
「戦後まもなくは先に説明したとおり闇フィルムが大量に出回っていて、これを解消するため、米軍主導で日本の映画会社から輸入する配給会社を作ることになります。これにより〝琉球映画貿易株式会社（琉映貿）〟〝沖縄映画興行株式会社（沖映）〟〝オリオン興行株式会社〟の配給チェーンが生まれ、それぞれの系列映画館が出来ることになります」
日本では松竹や東宝、東映などの配給会社や直営映画館があったが、沖縄は独自の配給チェーンを持っており、沖縄が日本では無かった当時の歴史が反映されている。

続いて、かつての沖縄三越、今は吉本興業の劇場となっている建物を目指す。この場所にはかつて1951年開館の「大宝館」という琉映貿の映画館があった。しかし、1953年にフィルムが燃えて火災となり、再開されるも経営が悪化、そのため映画館の株を持っていた奄美の株主が地場の建設業・国場組に株を譲渡した。これにより、先の配給3社に加え、新たに「国映」という会社が誕生した。国映はやがてライバルの「オリオン」も傘下に収め、沖縄最大の配給会社となった。

更に、旧沖縄三越裏の駐車場にあった1955年開館の南映劇場跡地を経て、沖映通りを目指す。マンションが建設されているこの場所に1951年開館の「沖映本館」という映画館があった。沖縄映画配給会社の老舗・沖映は、映画が斜陽を迎えた1965年に映画興行から撤退した。沖映本館は沖縄芝居専門館の「沖縄劇場」になったが、通りには当時の「沖映」の名前だけが残されている。

次に、松尾交差点に移動した。
ここには東京の日比谷劇場を模した白亜のドーム型の映画館「国映館」があった。映画館ストリートであった国際通りで、長らくその象徴であった建物も2007年に解体され、今は駐車場となっている。

続いて、前沖縄知事・仲井真弘多の父親がオーナーだった「中央劇場（現・松尾公園）」、「那覇劇場」、神里原の「大洋劇場」、桜坂の「オリオン座」の跡地を見て、最後の「桜坂劇場」に到着した。

桜坂劇場の始まりは1952年開館の「珊瑚座」で、その後「桜坂琉映館」、「桜坂シネコン琉映」となるが2005年に閉館する。しかし同年、映画館の愛好者により「桜坂劇場」として復活した。この辺り一帯は「桜坂社交街」と呼ばれ、多くの飲み屋があり那覇を代表する夜の街であった。桜坂という名称は、珊瑚座のオーナーが映画館の前に桜の木を植え、それが街の名前になったのである。

街歩きを終えて、お二人に何故、沖縄の映画館の研究を始めたのかを伺った。
「最初は、映画研究家・山里将人さんの沖縄映画興行史研究のお手伝いから始まりました。当初は興行史に興味が無かったのですが、調べてゆくと次第に奥深さを感じ始めました。そして山里さんが、調べた資料を次世代にということで、我々が研究を引き継ぎました。沖縄の映画館の歴史は、戦後、何も無い場所から生活を始めた人々の大衆史であり、映画館はまさに街の戦後復興の象徴なのです。沖縄の戦後史というと、多くが太平洋戦争で焦土となった歴史と米軍基地問題になりますが、庶民という面から見た沖縄の戦後史もあることを、この街歩きなどで感じて欲しいと思います。」

名実ともに沖縄の中心地である国際通り周辺には、映画館の痕跡が通りの名称に数多く残っており、また具体的な話を聞いて、映画館と街や人々が深く結びついていることに感動した。まさに、人々が集まる映画館が街をつくり、そして人々が集まる街から映画館が生まれていったのである。

参考文献　「沖縄まぼろし映画館」平良竜次、當間早志著、ボーダーインク
協力　（一社）那覇市観光協会那覇まちま～い

［2016年8月14日 取材］

執筆者・スタッフ プロフィール （五十音順）

秋山京子 （あきやま・きょうこ）
1967年、静岡県生まれ。グラフィックデザイナー。コンピューター会社デザイン部勤務の傍ら、小笠原正勝主催の「映画演劇デザイン塾」を受講。2000年よりフリーランス。主に映画関係全般の宣材デザイン、DVDパッケージデザイン等を手がける。

植草信和 （うえくさ・のぶかず）
1949年、千葉県生まれ。70年、キネマ旬報社に入社。91年に本誌編集長、96年に取締役編集主幹に就任。キネマ旬報本誌600冊、その他ムック、書籍50点を編集。2001年、中国映画『山の郵便配達』を輸入。02年、キネマ旬報社退社。04年、角川文化振興財団アジア映画資料準備室室長就任。06年、映画製作・配給会社の太秦株式会社を設立し専務取締役に。14年、太秦株式会社非常勤顧問。同年、広島市映像文化ライブラリー評議員。

小笠原正勝 （おがさわら・まさかつ）
1942年、東京都生まれ。グラフィックデザイナー。東宝アートビューロー（現・東宝アド）では演劇のデザインを担当。76年、フリー。ATGの映画ポスターを制作、『股旅』はカンヌ国際映画祭ポスターコンクールでグランプリ受賞。また岩波ホールのエキプ・ド・シネマや、フランス映画社のバウ・シリーズのアートワークに携わる他、歌舞伎座を始めとする演劇ポスターも数多く制作。本誌「ジャックと豆の木」では企画・責任編集を務める。

海保竜平 （かいほ・りゅうへい）
1967年、京都市生まれ。幼少期をナイジェリアで過ごす。多摩芸術学園・写真学科（現・多摩美術大学・芸術学科）卒業後にイギリスへ渡る。帰国後フリーランスに。ポートレイト、CDジャケット、ライヴや俳優のアーティスト写真等を撮影。料理写真や旅行雑誌の分野でも活動中。また、歌舞伎役者・中村獅童氏をデヴューの頃から撮り続けている。自ら書いた文章と現地で撮影した写真による「指差し会話シリーズ・イギリス×ビートルズ」（情報センター局刊）の著作あり。

岸本麻衣 （きしもと・まい）
1989年、埼玉県出身。テレビドラマの制作現場でAPをする傍ら、自主制作でフリーペーパー「あのつく人」を刊行中。映画・テレビドラマ・文学・アートの狭間を彷徨っています。

小林幸江 （こばやし・さちえ）
1980年、長野県生まれ。フリーライター。印刷会社に営業として勤務後、編集プロダクションにてインテリア誌の編集、制作会社にて広告ディレクションなどを経てフリーランスに。広告、雑誌等で編集やライティングを行なっている。好きな映画はハル・アシュビー監督『ハロルドとモード 少年は虹を渡る』。2児の母。

坂崎麻結 （さかざき・まゆ）
1988年、鎌倉市生まれ。ファッション・カルチャー誌「NYLON JAPAN」編集部に所属した後、2013年よりフリーランスの編集・ライターとして活動。「THE DAY」、「anna magazine」、「PERK」、「HOUYHNHNM」、「lute」、「i-D」、「Sb」など主にカルチャー、音楽、ファッションの雑誌やウェブ媒体にて執筆。映画においては役者や監督へのインタビューのほか、誌面でのコラムも連載中。mayusakazaki.com

助川祐樹 （すけがわ・ゆうき）
1980年、茨城県生まれ。写真家。

鈴木大喜 （すずき・だいき）
1988年、埼玉県生まれ。大学卒業後、バンタンデザイン研究所にて写真を学ぶ。出版社マガジンハウスのスタジオ勤務後、渡米。2016年、スペイン巡礼の道であるCamino de Santiagoを約900km完歩する。同年、帰国後フリーカメラマンとなり、ポートレートやスポーツなど幅広いジャンルの撮影を行なっている。17年6月写真集「Camino de Santiago」をLibro Arteから刊行。

塚田泉 （つかだ・いずみ）
1964年、長野県生まれ。フリーライター。大学卒業後、出版社、編集プロダクション勤務を経てフリーランスに。「キネマ旬報」、「ELLE JAPON」、劇場用パンフレットなどに寄稿する他、ときどき編集も。2人の娘あり。

永島明 （ながしま・あきら）
1946年、東京都生まれ。6歳の頃より写真を撮り始める。高校卒業後カメラマンのアシスタント、デザイン会社等を経て独立。70年、デザイン会社設立、現在に至る。実質カフェとバーの経営の傍ら趣味としての写真を楽しんでいる。ニューヨーク、NOoSPHERE Arts Galleryに出品。ルーブルで開催の「fotofever」に出品。マスミ東京「墨繪寫眞」展。文藝春秋画廊「墨ゑ展」。

野村志保 （のむら・しほ）
1978年、埼玉県生まれ。98年の小笠原正勝ポスター展をきっかけに「映画演劇デザイン塾」に参加。デザインとイラストレーションを学ぶ。2000年、映画『私の骨』の盛岡ロケのスタッフとして撮影に同行。以降、工芸、企画など様々な仕事を体験する。現在、映画のこと、本のこと、カフェと集いの"場"を計画中。

朴美和 （ぱく・みふぁ）
1985年、東京都生まれ。年間4つの映画祭のスタッフをしている。

はらだ たけひで
1954年、東京都生まれ。絵本作家、岩波ホール企画・広報担当。高校卒業後、現代思潮社主宰「美学校」で現代美術の松澤有氏に師事。75年に岩波ホール入社。89年、「パシュラル先生」（産経児童出版文化賞受賞）で絵本作家デビュー。92年、「フランチェスコ」で日本人初のユニセフ=エズラ・ジャック・キーツ国際絵本画家最優秀賞受賞。絵本・著作のほか、挿画作品も多数。映画では佐々木昭一郎監督『ミンヨン 倍音の法則』の企画・プロデュースを担当。

山岸丈二 （やまぎし・じょうじ）
1970年、東京都生まれ。写真家・横浜映画研究家。普段は会社員。2007年、シネマ・ジャック&ベティの再建にボランティアとして参加。同館の横浜映画特集などの作品選定にも協力し、横浜みなと映画祭の実行委員を務める。横浜の街を歩き、失われる街角を写真に収め、裏町を探訪し歴史を掘り起こし、横浜で撮影された映画のロケ地探訪をライフワークとしている。今年は初の個展である写真展「横濱 無くなった街角」を開催予定。

李潤希 （り・ゆに）
1988年、東京都生まれ。明治学院大学芸術学科映像専攻卒。在学中よりフリーランスで映画と音楽の周りをうろつくグラフィックデザイナー、イラストレーター、映像作家。鎌倉市川喜多映画記念館の展示宣伝美術を手がける縁で本誌に抜擢。

編集後記

いま36歳の私がまだ18歳だったころ、長野の片田舎から上京して最初に叶えた願いは渋谷シネクイントで『バッファロー'66』を観ることだった。ヴィンセント・ギャロとクリスティーナ・リッチが、ただただオシャレだった。かたや私は松本駅前の安っぽいショッピングビル「スピカ」で買った服を着て、オシャレとはほど遠かった（今でもだが）。さて、時は流れて現在、1歳と3歳の育児中である。映画館に行く時間もない日々。ところが先日ひょんなことからぽっかり時間が空いて、映画を観に行くことにした。悩んだ末に『パイレーツ・オブ・カリビアン／最後の海賊』。遅ればせながら初IMAXである。いやあ、すごい。ミニシアター系もメジャー系も、とにかく映画はいいものだ。（小林幸江）

〈**資料提供**〉公益財団法人川喜多映画文化財団／小笠原正勝／髙橋昌治／松岡葉子／田井肇／平野勇治／こども映画教室／WAKABACHO WHARF／鎌倉市川喜多映画記念館／有限会社スタッフ・ポイント／外国映画輸入配給協会／野村美智代／齋藤敦子／山岸丈二／高田世界館／桜坂劇場／太田プロダクション／明治座(順不同)

映画と映画館の本
ジャックと豆の木
創刊3号

発行人	梶原俊幸
企画編集	小笠原正勝
編集	小林幸江 植草信和 山岸丈二 塚田泉 坂崎麻結 岸本麻衣
協力	ユーロスペース シネマヴェーラ渋谷 こども映画教室 土肥悦子 北條誠人 野村志保
アートディレクション	小笠原正勝
デザイン	秋山京子 李潤希
撮影	永島明 助川祐樹 海保竜平 鈴木大喜

創刊3号　2017年 8月15日　発行
発行＝シネマ・ジャック＆ベティ
神奈川県横浜市中区若葉町3-51
TEL045-241-5460　FAX045-252-0827

印刷＝株式会社三秀舎
東京都千代田区内神田1-12-2
TEL03-3292-2881(代)　FAX03-3292-2884